加藤諦三

他人と比較しないだけで幸せになれる

定年後をどう生きるか

GS 幻冬舎新書 728

はしがき

歳をとったら増えるものはない。消えるものばかり。知人も、お金もなくなる。

まわりから「何をしているの？」と聞かれて、もう一度名刺に刷れる肩書きの職業が欲しいと思うような心だから不安なのである。

定年後にはソバ職人になりたい、という人が多いという。

本当にソバ作りが好きな人は定年前に、会社に見切りをつけてソバ畑を作っている。

定年が不安な人たちは、実は今の会社でも手抜きをしているのではないか。仕事は真面目にしてきたけれども、誠実な努力をしていない。

会社でも手抜きをして楽をしてきた。手抜きをしないで仕事をしている人は、その中で生きる知恵を身につけている。

手抜きで営業をしていた人は、人間関係ができていない。人間関係の貯金がない。

仕事は真面目にしてきたけれども、誠実な努力をしていない。

自分の身を自分の心で守ろうとしないで、お金やポストで守ろうとしてきた。

定年に不安な人は、夢がない。

その先の生きる道が見えていない。

アメリカの心理学者シーベリーは「不安は、あらゆる不幸を背負った自分が本当の自分であると、まちがって否定的に考えることから生まれます」と言う。

「本当の自分」の認識の仕方を間違えなければ、今あなたが老後に不安になる理由は何もない。

経済学者のレナードが、アメリカでは50年間で経済的には2倍ほど豊かになったが、人々は幸せになっていないという調査を、幸福についての著作の中で書いている。彼は日本も同じだろうと言うが、私は、日本は経済的に豊かになって、かえって不幸になったと思っている。それでなければなぜ、年金のことで人々がこんなに不安になるのだろう。

年金を口実に、自分の存在に対する本質的な不安を合理化しているにすぎない。

老後の不安をなくすには、コミュニケーション能力を身につけることである。

さらに一人で遊ぶ方法を身につける。今からでも遅くはない。「生きるって、いいな」と感じる経験を積み上げていく。

歳をとると、自分で満足する仕事を作らなければならない。

例えば畑仕事。山が好きとか、フロが好きとかいう人は強い。

自分で満足する仕事をしなければいけない。畑仕事をしなければ。

心の問題をのぞけば、今あなたが不幸である理由は何もない。

自分の存在に対する本質的な不安を、経済的困難の不安にすり替えている面はないか。

経済的合理性を追求しても、人生の問題は解決しない。

不安な人は力がないのではない。自分の力を信じられないだけである。

他人と比較しないだけで幸せになれる／目次

第二部　60歳から幸せになる人、惨めになる人　37

DTP　美創

第一部

他人と比較しないと、こんなに生きやすい

自分自身にかけられている否定的な暗示に
気がつくことから、治療は始まるのです
――デヴィッド・シーベリー

定年は競争社会・他人との比較からの解放です

現代では、競争による個人的成功が、極めて高く評価される。

定年で会社を辞めるのは、その競争社会から別の社会で生き始めることなのである。

それはまさに「挑戦」である。そこで新しい世界に挑戦できるなら「胃《い》潰《かい》瘍《よう》の発症」から免れ、いよいよ元気になれる。

しかし自己疎外された人は、何が好きで何が嫌いかわからない。自己疎外された人は、寂しいから嫌いな人を好きと思っている。

自分に意地悪をする人に気がつかないで、意地悪をする人を「好き」と思っている。ときには親友とまで思っている。競争社会では、心理的に健康な人には信じられないようなことが起きている。

定年で、この悪循環から逃れることができる。

自分と他人を比較する、比較される心の習慣がついている。定年で、この心の習慣から解放されることができる。これが挑戦でなくて、何が挑戦であろう。

比較することから自由になれる。

そのためには今まで抑圧してきた自分の本当の実際の感情を意識化し、人格の統合を図ることである。

自分を見いだしたものは恐れを知らない。

高齢になったら結果ではなく過程を重視する。「形」でなく「心」を重視する。

神経症的傾向の強い親から無意識に侮辱されて、周囲の世界が敵になる。実際には味方である。

周囲の世界は常に自分に屈辱感を与えた。そうなれば常に周囲の世界に身構える。

失敗は常に「責められる」という不快感と深く結びついている。大人になっても失敗は恐ろしい。そうなれば高齢期は凋落《ちょうらく》である。

フロイドは「自己蔑視は、対象への復讐を表している」[*1]と言う。心理的に回復するためには必要な言葉である。

自分は、誰を殺したいほど憎んでいるのかをハッキリと意識化する。「殺すのは誰でもいい」と言うのでもよい。自分の心の底の無意識の憎しみを意識に上げる。

それを意識に統合化する。そこで生きるエネルギーが出る。

統合化とは、「不運も、何もかもを含めてこれが私の人生だ」という捉え方である。

自己蔑視に苦しみ続けていたときには、実は苦しむことで、例えば親に復讐していた。怒りの間接的表現である。

この自己蔑視の心理的メカニズムを意識化できない限り、自己蔑視の苦しみから解放されない。

常に他人と自分を比較する。アイデンティティーが出てきていない。

情緒的に成熟した人は現実を受け入れ、自分の特徴を認識する。

比較する人は情緒的未成熟。比較する人は不幸。

興味のないことで努力する。人によく見られるための努力をする。

心理的に健康な人々は、高齢になり、定年になって、そうした無意味な努力から解放される。

心理的に不健康な人は、幸せになりたいのではなく、幸せに見られたい。

そうした無意味な努力から高齢になったら解放される。

心理的に不健康な人は、不幸でも不幸と人から見られなければよい。

そうした無意味な努力から、定年で解放される。

劣等感をもつと幸福についての画一主義に陥る

有名大学を卒業してエリート社員のコースにのり、結婚して子どもが3人いる人がいる。

不思議なことに、そういう人は本当に幸せな人とは比較しない。本当に幸せな人を羨《うらや》ましく思わない。

所得、地位、名声など「表面的なもので比較」することはない。

本当に幸せな人を羨ましく思っていない。あの人は心が優しいねと羨ましくならない。

心のゆとりがある生活を羨ましがらない。

自分と他人を「強迫的に比較する」のは、他人に優越したいという劣等感と、人が恵まれているのが許せないという憎しみからくる。

強迫的に他人と自分を比較している人は、自分の劣等感と憎しみに気がついていない。

すべてにおいてすべての人に優越したいという気持ちは、「基本的不安感」であり、自己憎悪である。

すべてにおいてすべての人に、優越しなければ許されなかった過去がある。劣等であることを苛《さいな》まれた過去の社会的枠組みがある。

優越したい＝愛されたいという代償＝愛されていないから。つまり他人と自分を比較する人は愛されていない。

その結果、対象無差別に愛されたい＝対象無差別に人と自分を比較する。

優越が、包括的神経症的解決となっている。

小さい頃、すべての人に優越していないと許されなかった。優越していないと失望された。失望の裏に敵意が隠されていた。

その結果「私たちという感情」の代わりに優越を求めるのが基本的不安感である。

基本的不安感は、自分の自発的な感情から他人とつながることを妨げる。

基本的不安感は自分の中の問題ばかりではなく、他人にどう接するかということに影響してくる。

心理的に健康な人は、健康な人間関係を築けるが、心理的に不健康な人は、不健康な人間関係しか築けない。

高齢期は、競争社会の中で断念した自分自身を
取り返すチャンスである。
競争からくる成功や
失敗の恐怖感から解放される。
定年は自分の感情や意志を恐れてきた時代から
別れを告げるチャンスでもある。

否定的な自己暗示に気がつくことが幸せな高齢期のカギ

自分自らの喜びの体験より、他人からの是認をいつも選んできた人は、ついには喜びの体験そのものができなくなるとマズローは言っているがそのとおりであろう。

ロロ・メイも同じようなことを言っている。外側からの要求ばかりに従っている人は、幸福を得る力をも捨ててしまう。

従順であることによって「いい子」であることが幸福と成功の条件である、と教えることは危険である。

従順であることによって「いい子」であることは、真の自分を殺すことである。

シーベリーは「自分自身にかけられている否定的な暗示に気がつくことから、治療は始まるのです[*2]」と言う。

言い換えれば、「自分自身にかけられている否定的な暗示に気がつくことから、幸せな高齢期は始まるのです」ということである。

小さい頃、親の「こんなこともできないのか」と敵意のある失望に苦しんだ。そのことに気がつくのは競争社会から離れたときである。

「これができないから私は駄目だ」という比較は競争社会だからこその比較である。

高齢期を迎えたことで新しい世界が開ける。

人は抑うつ状態のとき、消耗しているときに比較する。

人間的な心のつながりがない、孤独。相手にとって自分が代替可能な存在だから。

共同体の体験がない。

強迫的に比較するのは「孤独と、依存からの敵意」があるからである。

孤独と敵意の心理状態の人に「比較するな」と言っても無理である。

比較したら幸せにはなれない。それでも比較しないではいられないのが現役時代である。

競争社会の中で、自分は固有の存在ではない。

奥さんから「あなたの会社は凄い」と賞賛が欲しい。

隣の家が恵まれているのを認めたくない。

劣等感のある人は、他人との比較に敏感で、少しでも他人の方がよいと機嫌を損ねたり、嫉妬したりする。

比較しないと自分が心地よい存在になる

人によっては、もしかすると定年になって初めて、固有の存在になる機会を与えられるのかもしれない。

定年や高齢期は、本気の挑戦のときである。

定年や高齢期は、チャンスに満ちている。

自分は本質的なところで人と比較されていない、と感じることができる。

自分を他人と比較しない。自分が自分にとって心地よい存在になる。

相手にとっても、自分はかけがえのない存在だと感じはじめる。

優れた人の話を聞いても、傷つかない。自分は愛されているという感情が揺らがない。

自分は代替不可能な存在だから嫉妬はない。

しかしこう感じられるのは高齢期の挑戦をしている人である。

自分が自分を頼りなく感じるのは、自己喪失している証拠である。つまり迎合は、真の自分を断念することである。

小さい頃から従順で、自分の感情や意志を恐れて生きてきた人は多い。

高齢期は、競争社会の中で断念した自分自身を取り返すチャンスでもある。

競争からくる成功や失敗の恐怖感から解放される。定年は自分の感情や意志を恐れてきた時代から別れを告げるチャンスでもある。

挑戦すれば、やがて自分を頼りなく感じるときがくる。定年は、人と自分を比較する時代に別れを告げるチャンスでもある。

自分を確かに感じる時期でもある。

競争社会でなくなれば、他者の評価に頼って生きる必要がなくなる。他人から「羨ましい」と言われる賞賛を求める必要がなくなる。

競争社会の中で、自分が軽視される恐怖感がなくなれば、はっきりと自分の要求を言える。いじけている必要もない。

自分の身に降り掛かるかもしれない悪評を恐れる必要はない。

今までの競争社会のように、周囲の好意を維持するために無理な努力をする必要はない。

周囲の好意など、高齢者本人があると思っているだけである。

とにかく高齢者は過去から自由にならなければならない。

今の刺激を通して過去を体験している時代から別れを告げるときである。

高齢期は、セリグマンの言う再教育の時代である。

再教育によって、文化的所産としての成功とか価値を再構成できる。[*3]

再教育とは、競争社会という文明をも捨てること

競争社会だからこそ人に蔑《さげす》まれると復讐心を持つ。競争社会だからこそ「成功して見返したい」と考えてしまう。競争社会だからこそ「負けた」、それだけで人生のすべてを失ったと思う。

復讐心の背後にある、競争社会という文明をも捨てることが再教育である。

定年を「会社を辞める」と考えるから間違える。定年は、競争社会を卒業することであり、それに挑戦することでもある。それは今まで以上の勇気を必要とするかもしれない。

競争社会を卒業しないままで歳をとるから「あのとき、ああしておけばよかった」という後悔に悩まされる。

両手に抱えていた過去の栄光を捨てる人が、美しき老年を獲得できる。そして今を摑《つか》んだ人は、「我が人生に悔いなし」と死んでいかれる。

定年後、心療内科に行く大企業の役員は、在職中優越感を持っていたが、自分に誇りを持っていなかったのではないか。

「勝っても、勝ってもうち払うことができない、この虚しさは、いったい何なんだろうか？」と自問する宮本武蔵。

そして行き着いた答えは「どうせ生きるならば、誠実に生きたい。己に嘘はつきたくない」であった。

この言葉は、勝って勝って勝ち抜いた果てに摑んだ栄光の裏にある孤独感と、言いようのない虚しさの中で得た悟りだと私は理解した。

競争社会での成功者である役員たちの心の底にあるのは？

Pursuit of Loneliness（孤独の追求）ではなかったか。

ここであえてこのテーマを取り上げたのは「誇り」をもっていることで、生きることが楽になるからである。特に心がうちひしがれたとき、失意のときに心強い味方になってくれる。

燃え尽き症候群とその悪化

何かに熱心になる動機は「認めて欲しいから」＝「幼児的願望」であるが、車を買うなどの行為の動機も「認めて欲しいから」である。だからお金がないのに車を買ってしまう。そして生きることが苦しくなる。

働き盛りの壮年期はそれでもよい。無理に「認めてもらいたくない」などと虚勢をはる必要はない。

共同体において比較はあり得ない。誰でも固有の存在である。他人と比較できない存在である。

あなたがあなただから愛される。

競争社会という現役時代では、常に既存のカテゴリーで評価されて成長してきた。

燃え尽き症候群の人で、親に「どうしてもっと誰それのようになれないのよ？」と言われた経験のある人は多い。

成長する子どもの落とし穴は「親族の英雄」である[*4]。

「どうして」と言う心理には「支配の意図と自己不在」が隠されている。自分の意志のある人は「どうして」とは言わない。

定年になった今、挑戦する人はもう燃え尽きる必要はない。

しかし高齢とか、定年を否定的に捉える人は、燃え尽きがさらに悪化して、「頑固と孤独」に陥っていく。

小さい頃から誰よりも優れていることを強制された。それでなければ生きる価値がないと周囲の人から失望された。

「非現実的なほど高い期待」、定年になれば、こんな期待をかけられることもない。

要するに強迫的に比較する人はノイローゼである。自我が不安定である。

反動形成ですべての人を貶《けな》さなければいけない。常に人の悪口を言っている。悪口依存症にならなければ自我の防衛ができない。

「人がどう思うか」はどうでもよい

夫は妻に「俺の会社はこんなにいい！」と叫ぶ。

悪口と自慢話で自らの自己蔑視から目を背《そむ》けている。

そういう人は自分が固有の存在ではない。

基本的不安感と正比例して、自分のしている態度について無意識で硬直化する。

比較して不機嫌になっているとき、不愉快になっているときに、自分の無意識では何が起きているか。

対象への憎しみという感情的記憶の蓄積、それに火がついている。

本来の自分の感情や願望は、ものごとを決める要因ではなくなっている。本来の自分の感情や願望が自分でわからなくなっている。

「他人とどう向き合うか」ということが、その人自身の本来の感情を蹂躙《じゅうりん》してしまう。

「私はこれがしたい」ではなく、私は優越したい。この人＝「主権的人物」に認められたい。

とにかく主権的人物に認められたい。

主権的人物が「どう思うか」で、自分は「何をしたいか」ではない。これが自己疎外である。

現実の生活においても知的生活においてもこの規則は、偉大さと卑しさを分けるものである。

「比較されたもの」と受けとるのではなく、「神経症的傾向のある人から侮辱されたもの」と受けとる。

定年後を中世だとすれば、現役時代に生きていたのは近代の競争社会である。

そして現役時代の競争社会の中で深刻な劣等感に悩まされていた人ほど、競争社会の価値観を深く内面化している。

競争社会の時代は終わったのに、それに気がつかない。それほど高齢者の中には今の現実に触れていない人がいる。

冬から春になったのに、絶対にオーバーを脱がない。極寒用の厚い下着も変えない。雨は止んだのに大きな雨傘をさしている。

心がエネルギッシュでない高齢者の中には、体は今にいるが、心は半世紀前にいる人がいる。

定年、現役からの引退ということは、自分の中での文化も変えるということである。現役時代に心に染み込んだ文化的所産は、あくまでも現役時代の文化的所産である。競争社会の文化的所産である。

今は競争する必要がない。今必要なのは自分の潜在的可能性を実現することである。人とコミュニケーションすることである。

しかし心は今も「競争に勝つこと」が重要である。それであるなら、競争の不安と恐怖の傷跡も常にある。

心も今にいるなら、現役時代の競争からの「不安と恐怖感」から自由になれる。しかし引退というのが「生きることからの引退」であるなら、いよいよ狭い世界に閉じこもることになる。

両手に抱えていた過去の栄光を捨てる人が、
美しき老年を獲得できる。
そして今を摑んだ人は、
「我が人生に悔いなし」と死んでいかれる。

人は過去から自由ではない

高齢者は現役時代から自由ではない。

人間は過去から自由ではない。

昔「私が神なら、青春を人生の最後にもってきた」という言葉を読んだ。しかし今思うとやはり神は正しい。

神が、人生の最後を高齢期にしたというのは賢明なことである。

高齢者は生き方によって、最も豊かにもなれば、最も苦しくもなる。

高齢になって初めてものが見えてくる。そこで高齢は「楽しい」。

人にはいろいろと表立って表現できないことがある。高齢になるとそれが見えてくる。人が見えてくる。高齢にならないと見えない。

その人の写真ではない。過去とのつながりの中でのその人が見えてくる。

人が何かを話している。現役時代には言葉の内容を聞いていたことが多い。

しかし高齢になると、「この人、何を話したいのかな？」と考えて、その人が見えてくる。

高齢期になっても、忘れたはずの幼児的願望がしっかりと心の中に、出番を待っている。

本来、人は共同体に生まれ、共同体に帰っていく。それが現代は、子育てから介護まで機能集団としての社会がかかわらざるを得なくなった。

テンニースの言う「ゲマインシャフトからゲゼルシャフトへ」の流れであろう。

高齢期の課題は、自分で自分を励ませるようになることである。

一人で夜空を見て、「前向きになろう！」と思えることである。

自分で自分を励ませる、これが情緒的成熟の頂点であろう。心理的成長の到達点であろう。

小さい頃は他人から励ましてもらう。それが自然である。小さい頃は、とても自分で自分を励ますことなどできない。

青年期は、壮年期への過渡期である。壮年期は、他人を励ませるようになる。

情緒的に成熟していない限り、とても人を励ますことはできない。

情緒的に未成熟なまま人を励ますことをすれば、それは人にプレッシャーを与えているに過ぎない。あるいは人を落ち込ませているに過ぎない。

情緒的に未成熟な人が勝手に人を励ましているつもりになっているが、励まされる方は不愉快になるだけである。

高齢になってわかる、ふられて目がさめる

高齢になったら、今までの自分を振り返る。

第一に、どのようなカテゴリーで自分の自己執着を見てきたか。一つの既存のカテゴリーで見てこなかったか。

自分の自己イメージは、何かに囚《とら》われていることに気がつくかもしれない。

大人になってからの自分をどう解釈していたか？　恐ろしいほど幼少期のカテゴリーに従って解釈していることはないか。それだけ現実に触れてこなかったということである。

ハーヴァード大学のエレン・ランガー教授の言うマインドレスである。

自分の今までの考え方を反省する。今までの人間関係の中での自己執着を捉えなおす。

よく考えれば、酷《ひど》い人間関係の中で生きていたかもしれない。しかもそれに気がつかなかった。

壮年期や高齢になったら自己執着の強い自分を再構成する。

死ぬほど憎んだ人がいる。

しかしその人がいたからこそ、その時点で自分は変わらざるを得なかった。

高齢になった、その時点から考えれば、それは望ましい転換点になっていたかもしれない。自己執着の強い自分から、自由な自分への転換点になっていたかもしれない。

それまでの人生が、歪《ゆが》んだ価値観に囚われて生きていたのかもしれない。

この世に２人といない素晴らしい恋人と思っていた時期があった。しかし失恋をした。

ところが、よく考えてみれば、ふられたことで目がさめるということもある。

高齢になって考えれば、その人は「素晴らしい人」ではなく「酷い人」だったということが見えてくるかもしれない。

高齢になって考えてみれば、それはその質《たち》の悪い男性、あるいは女性との失恋で、新しい世界が開けたのかもしれない。

もちろんその時期に人生を開けなかった人もいる。しかし開けなかったら開けなかったで、高齢になって、あのときに「なぜ新しい世界が開けなかったのか？」と考えれば、人格の再構成ができる。

そして高齢になって新しい世界が開かれてくる。

高齢者になって、囚われていた古い世界から、新しい世界が開ける。

心が囚われの世界に居続ける限り、どんなに世界を旅行しても新しい世界が開けることはない。

＊1 フロイド選集 4『自我論』、井村恒郎、日本教文社、１９７０、１３９頁

＊2 David Seabury, Stop Being Afraid!, Science of Mind Publications, 1965. 加藤諦三訳、『問題は解決できる』、三笠書房、１９８４、１５７頁

＊3 Rollo May, The Meaning of Anxiety, W. W. Norton & Company, 1950. 小野泰博訳、『不安の人間学』、誠信書房、１９６３、１８６頁

＊4 Dr. Herbert J. Freudenberger, Ph.D., Burn Out, Bantam Books, 1980. 川勝久訳、『バーン・アウト・シンドローム』、三笠書房、１９８１、45頁

第二部
60歳から幸せになる人、惨めになる人

成熟が人間性の新たな強さと深さに到達する

――フーベルトゥス・テレンバッハ

「べき」の暴君になるな、負けるな

長年の思い込みや、囚われから解放されていくのが、高齢になったときの生産性である。

高齢者の生産性とは、現実の世界での物の生産性ではない。心の世界での生産性である。

感情の囚われから解放されて新しい世界に生きる準備をし、そして人格の再構成をし、新しい世界で生き始めることである。

高齢者の生産性を考える上で前提にすべきは、「感情は囚われに基づいている」[*1]というエレン・ランガー教授の主張である。

次に反省するべきは、体験ではない。その体験をしたときの、社会的枠組みである。

高齢者は記憶力が弱まるということを言うけれど、興味のないものは忘れるが、興味のあるものは忘れない。

高齢期を考えるときに、自分を見る視点が、体力の衰えなど肉体的なことに偏《かたよ》りすぎている。物質的な、生物的なことに偏りすぎる。

肉体的なこと以外にも、面白いことはたくさんある。

重要なのは物の生産性ではなく、心の生産性である。

人間の心の力を信じなさい。

若い頃の成功と、高齢者の成功とは違う。

歳をとることの意味、内容の違いが大事である。

多くの高齢者にとって、認知のシステムは若い頃と同じように機能し続ける。

健康な高齢者は、新しい認知のスキルを学ぶことができる。

認知が高齢になるということは、古い機能を維持するだけでなく、新しく学ぶことも可能である。

パーソナリティーの積極的変化も起きる。内在性、非支配性、感情的統合性である。

対象への憎しみと、意識と無意識の統合化の過程の苦しみが「救済と解放」につながる。

劣等感に苦しんで、優越感に走るのは、愛のない意志である。

そうした苦しみは「救済と解放」につながらない。逆にノイローゼになる。

若い頃にパーソナリティーは矛盾を含んでいた。感情的に矛盾していた。

高齢になって若い頃からの隠された怒りに気がついてくる。人は、そのときの「怒りと孤独」の処理で人生を間違えることが多い。

自分の心の中の、怒りや憎しみと孤独を認めない人がいる。認めないが、その人は怒りや孤独に動かされている。

どんなに頑張っても、事態はどんどん悪化する。

こうある「べき」と思うのは、憎しみからである。憎しみが正義の仮面を被っている。

「べき」を主張することで、憎しみを間接的に表現している。

憎しみに囚われていて「本当にこれをしたい」ということがない。「これをしよう」という意欲もない。しかし心の底には憎しみの感情が渦巻いている。

しかしそれを表現することのできない人がいる。人に好かれることに執着しているからである。

「べき」の暴君とは、やはり憎しみが「べき」の仮面を被って登場してきているのである。

憎しみが「べき」の仮面を被って登場しているから、執着性格者は規範に違反する人を許さない。規範を叫ぶのは規範に背く人を攻撃するためである。

人を誉めることにケチにならない

憎しみを憎しみとして表現できれば感情は処理される。しかし執着性格者はその強さがない。人に好かれることに執着している。

そこで憎しみがいろいろな仮面を被って登場するのである。真面目という仮面を被っても登場する。

高齢者本人は正しいことを主張しているつもりであるが、ますます嫌われる。

執着性格者が常に消耗しているのは、憎しみとの戦いで消耗しているのである。

そして憎しみがあるから、人をなかなか誉めない。人を誉めることにケチ。

執着性格者はなかなか脱皮ができない。生命力が強くない。ザリガニは脱皮する。それが成長である。

男性ホルモンの減少で、積極的変化も起きる。攻撃性の減少等が起きる。

専門的分野では、高齢の人の方が若い人よりも優れたパフォーマンスを示すことがある。

グラフィックデザイナーなど、いくつかのスキルで若い人よりも優れている。凌駕《りようが》している。

ＩＱ等では劣ることが多い。

しかし、仕事に関してのパフォーマンスは優れていることもある。

タイピングにおいて、高齢者の中に若い人よりも優れた能力を発揮する人もいる。

テクストを先に読んで、タイプの遅さを補っている。

高齢者の得るものは知恵と威厳。

高齢期になっても、現役時代と発想が同じ人がいるが、高齢者は競争社会に生きているのではない。

お金を稼いでも、生産性があると言えない。

高齢者の生産性とは、パーソナリティーの生産性である。

フロムの言う、生産的心構えである。

高齢になってから、非生産的心構えから生産的心構えになる。若い頃からの生産性は変わる。壮年期、高齢期には、生産性は社会的意味が大きな割合を占める。

人生の諸問題を解決するのは社会的なことが多い。また社会的なことを解決しなければ、現実には生きていけない。

しかし高齢になってからは、解決は社会的解決よりも心理的解決が大きな位置を占める。

離婚は社会的解決である。

しかし離婚しても相手を恨んでいれば、心理的には解決していない。

生きていればいろいろなもめ事がある。そのときに裁判になることもある。

そして判決が出る。

判決が出れば、それは社会的解決である。しかしその判決を受けいれても、判決に不満であれば、社会的に解決しても心理的には解決していない。

離婚調停で、調停が成立したとする。しかし調停に納得がいかない。調停委員があまりにも不公平で、偏見が酷すぎると思っている。

そういうときには、社会的に解決していても心理的には未解決である。

学習された壮年期の囚われから脱出する

青年期、壮年期の生産性は社会的意味が大きい。そして人生の諸問題を社会的に解決することは生産性である。

しかし高齢になったときの生産性とは、主として心理的な意味である。

そう理解しなければ、高齢期は非生産的な時代になる。

何か仕事を断られた。そのときにどれだけ落ち込むかで、自分の心の囚われがわかる。

壮年期に落ち込むのは、その人が何かに囚われていると理解できる。それは壮年期の生産性は、仕事をすることだと思いがちだからである。

壮年期には仕事を断られると、自分の価値が否定されたように間違って思い込み、落ち込む。間違った思い込みであるが、間違いを犯すこと自体は理解できる。

ところが高齢期になったときには、壮年期とは異なる。

しかし高齢期になっても、壮年期と同じ反応をしてしまう。起きたことに対して壮年期で起きたときと同じように失望し、失望に囚われてしまう。高齢期になって壮年期と同じような反応をする。

自分の反応は唯一の反応ではない。いろいろな反応の仕方がある。不安なときにした反応は、たまたまそのときの自分がした反応である。

高齢期という自分の位置を忘れた反応をする人がいる。

今目の前に起きた嫌なことに心が囚われてしまうのは、そのことを通して今までの嫌なことについての蓄積された感情的記憶が燃え広がり始めるからである。

ところが実は今起きたことは、壮年期と違って嫌なことではない。

高齢期というコンテクスト（背景）から考えれば、嫌なことでも何でもない。当たり前のことであるかもしれない。

違ったコンテクストで違った感情を体験しないで、違ったコンテクストで小さい頃と同じ感情を体験してしまう。違ったコンテクストで学習してしまったことの恐ろしさである。

「感情は学習される」ということの恐ろしさである。

「感情は囚われに基づいている」

現役時代に、失敗で侮辱された。そして失敗は不愉快なことであるという感情を学習してしまう。

高齢になって侮辱されていないのに、侮辱されたと思って不愉快になる。

高齢者に大切なのは「同じ刺激が異なるコンテクストでは異なる感情になることに気づかないと、私たちはみずから作り出した感情連想の犠牲となる」[*2]というエレン・ランガー教授の言葉である。

若い日の失敗も、壮年期の失敗も、
すべてを含めて自覚し、意識して、
それを「あれはあれでよかった」と、
すべての体験を自我に統合して自分自身になる。
人生とは、自分が自分自身になる過程である。

コンテクストを正しく読む能力も大切

自分という存在について理解することの大切さがよく言われる。しかし同時に、コンテクストに気づくことも大切である。

お葬式で言われた言葉と、結婚式で言われた言葉は同じ言葉であっても意味は違う。

壮年期で言われた言葉と、高齢期で言われた言葉は同じであっても意味は違う。

しかし人はあるコンテクストで「社会とはこういうものだ、人生とはこういうものだ」と学習してしまいがちである。ことに壮年期に社会的に活躍している人はそうである。

だから大企業の役員などが、定年後に心理的に問題を抱えてしまうことが多い。

「人生とはどういうものである」という壮年期の先行情報が、次の高齢期の体験に違った影響を与えてしまう。

「人間の価値とはこういうものである」という壮年期の先行情報が、次の高齢期の体験に違った影響を与えてしまう。

その先行情報が正しいとは限らない。

少なくともその壮年期というコンテクストで正しいとしても、長い人生を生きるのに正しい情報とは限らない。

壮年期の有能さが、必ずしも高齢期の有能さではない。

よく学校の優等生が社会に出て優等生とは限らない、と言われる。学校と社会についてはなんとなく人々は納得している。

しかし壮年期と高齢期についても全く同じである。

壮年期に要求されていることと、高齢期に要求されていることが同じではない。

そのことは、学校の成績とビジネスパーソンとしての能力は違うのと同じことである。

自分に気づくと同時に自分が今置かれているコンテクストに気づく。高齢になった今は、壮年期と違ったコンテクストに置かれている。

若い頃、競争社会の中で「あいつは優秀だ」とか「あいつはダメだ」とかいうことが言われる。それはそのときの、そのコンテクストの中では正しいとしても、高齢の今は違う。

高齢者は「不完全な情報による認識拘束」に注意をしなければ、失うものは大きい。

不完全な情報による認識拘束は、何も高齢者に限ったことではない。

まさに偏差値などもそうである。

ＩＱも同じことである。ある人は決して低い能力ではないのに「低い」と思い込んでいる。

測定したときの情緒的安定によってＩＱは異なる。

先に述べたように「感情は囚われに基づいている」。

それなのに自分は能力が低いと思い込んで、有望な将来を失う人がいる。あるいは、壮年期の能力が低いという思い込みで、幸せであるはずの高齢期を失う。

我々はいろいろな囚われによって生きている。

壮年期に必要とされる能力と高齢期に必要とされる能力とは違うのに、間違った思い込みで苦しんでいる。

それによって有望な未来を失っている。幸せを失っている。実り豊かで有望な高齢期を失っている。

「我が人生に悔いなし」と思って死ねるのに、「やろうとしていたことの一つでもしていたら『俺の人生は』また変わっていたろう」と悔やんで死んでいく人になってしまう。

高齢期は不要なものを捨てるのが大事

高齢期の問題解決で大切なことは、事実を変えることではない。壮年期の会社生活などで囚われている脳の働きを正常化することである。

人は過去から自由ではない。

高齢期の課題は、いかにして壮年期の価値観から自由になるかである。

壮年期の成功と、高齢期の成功とは色が違う。壮年期の生産性と高齢期の生産性とは色が違う。

過去から自由になれない人は、高齢期になって、壮年期の価値観を引きずって歩いている。落ち込むことでないのに一人で勝手に落ち込んでいる。

高齢期は次々に自分に気がつく時期で、落ち込んでいる場合ではない。高齢期は自分の無意識に気がつく機会である。

若者と比較して高齢者にうつ病が多いのは、環境の問題というよりも、壮年期までの価値観から自由になれていないからである。

違ったコンテクストの中で、過去と同じ価値観で、何かを感じて、それが引き金的記憶となって壮年期の不愉快な感情が、心の中に燃え広がっている。山火事と同じである。

あるいは生ゴミみたいなものである。今味わっている感情は過去の体験から生じたものである。

不必要なものである。生ゴミは捨てればいい。高齢になるとその生ゴミに囚われる。

気難しい人間として生涯を閉じたくないなら、生ゴミは捨てる。

感情と認識の関係を理解する。

反応と刺激の関係を理解する。

まず高齢者としての自分の認識が正しいか？

高齢者というコンテクストの中での認識が間違っていれば、囚われの感情の犠牲になる。

高齢になったら、感情の再プログラムが必要である。

妄想からの解放は過去からの解放である。

過去の破壊的メッセージからの解放である。

それが感情の再プログラムである。

新しい情報に開かれている、それがマインドフルネスである。

宗教的独善主義で、一時的には不安を回避できる。しかしカルト集団の場合には最後には自殺に追いつめられた人が多い。〇〇原理主義等というのもこれに属する。

多くの高齢者にとって、認知のシステムは若い頃と同じように機能し続けている。

心理的に健康な高齢者は、新しい認知のスキルを学ぶことができる。認知が高齢になるということは、古い機能を維持するだけでなく、新しく学ぶことも可能である。

高齢期に意見を変えられないのは、その主張によって自分の価値を防衛しようとしているからである。

若い頃の栄光にしがみつくことで、高齢期の自分の心の葛藤を解決しようとしているからである。

テレンバッハの言うように「現存在は孤独、あきらめ、不信、強情、鈍麻のうちに、頑固さのうちに停滞してしまう」ということがある。

勝手に高齢者をマイナスイメージで捉えていませんか？

高齢になって「惨めさ」を味わうことが多いということを聞く。

しかしそれはsubjective value（主観的価値）が間違っている。

自分で自分を惨めにしているだけである。若い頃と高齢期とは違う。

高齢者が高齢者として扱われたからといって惨めに感じるのはおかしい。

子どもは子どもとして扱われる。壮年期の人は壮年期の人として扱われる。

若い頃には多くの人の注意を引いたことがあるかもしれない。それは異性間でも青年は青年に惹《ひ》かれなければ困る。それが自然である。

若者が集まって騒いでもおかしくはない。若者と高齢者とは違う。自然の流れを、「惨め」に感じるのはおかしい。

それは認識が間違っている。

集まって騒いでいる若者が必ずしも幸せなわけではない。

高齢者が「惨めさ」を味わう機会が多いというのは、自分が勝手に高齢者をマイナスのイメージで解釈しているからである。

高齢者の生産性はパーソナリティーの積極的変化である。

人が心理的に活発になることの最大の妨げとなるのは隠された憎しみである。

隠された憎しみがあれば、どうしても素直にやる気になれない。

積極的、生産的になるには素直でなければならない。

ではどうするか。

過去の無意識の憎しみを、ゆったりとした環境になった高齢期に、思い出してみる訓練である。

例えば壮年期に離婚をしていたとする。それを「もうすんだこと」と意識の上では思っているかもしれない。

昔の離婚調停に納得がいかないままで、高齢期になったとする。

そのままだと、テレンバッハの言うように「現存在は孤独、あきらめ、不信、強情、鈍麻のうちに、頑固さのうちに停滞してしまう」ということがある。

そういう高齢者になったときに、周囲の人によっては、その高齢者は心理的にも負担になるだろう。

負担は経済的負担ばかりではない。人間関係の中で、ある人が皆の負担になるということはいくらでもある。

その人が、いつもその集団の中でのトラブルの原因になる。

しかしその高齢者が笑顔を振りまかないでも、穏やかで満足していれば、そのメンバーの心の支えにもなる。

高齢者になったら、「あのときには、あの人は酷い人だったな」と昔を思い出してみる。そしてそうなった人間関係の過程を考える。そしてそこにあの人の酷さと同時に自分の情緒的未成熟もあることを見つけてくることも多い。

そうして一つ一つ、昔の恨み辛《つら》みを心理的に解決していく。

昔を思い出しながら「あれだけ酷い人間関係の中で成長したのだから、自分が高齢になって、不信、強情になるのも無理はないかな」と思えてくるときがあるだろう。「それにしても、あの人たちは酷かったな」と思えてくる。

もう一度思い出してみると「今考えると、あそこまで酷い人たちとは気がつかなかったな」と思えてくる。

「搾取タイプというが、あそこまで搾取する人とは、当時気がつかなかったな」と思えてくる。

「あの人は、あのように言う人だったのだ」と気がついてくる。

そんな中でも、自分はよくここまで生きてきた。信じられないことだ。

逆に、きっと「あの人がいたからだろうな」と、酷い自分を支えてくれた人も思い出すかもしれない。

「あの人間関係があって初めて死なないで生きてこられたのだな」と気がつく。

その両方の人たちを思い出しながら、一つ一つ心理的未解決な問題を解決していく。

昔の人間関係と自分に気がつく。気づきの連続、それが高齢者の生産性である。

高齢者の生産性とは、ロロ・メイの言う意識領域の拡大である。

競争社会の中で閉じ込められていた自分から、自分を解放する。

それが高齢者のパーソナリティーを改善していく。

高齢期には若者時代の貧困化したパーソナリティーから、豊かなパーソナリティーになる。

「頑固さのうちに停滞してしまう」のを避けるためには、気づき以外にはない。

わかってみれば、心の底ではわかっていたことがわかる。その心の底を見ないままに生きてきた。

納得をすることが高齢期の生産性を生む

高齢者の生産性とは、その自らの心の底を見つめて、納得することである。

「あの離婚調停のときの、調停委員のあの冷酷なまでの偏見は、何だったのか。あの調停委員としての中立性を無視した偏見は、調停委員の嫉妬、妬みの激しさだったのか」

そう思ってくると、どこかで納得することが出てくる。

「あれは調停ではない。あの調停委員は、相手方の弁護士以上に相手の味方をした。でもそれでよかった、離婚をして、短い自分の人生を無駄にすることが避けられた」

あの調停委員という仮面を被ったサディストのことも、「あれはあれでよかった」と、過去のことを一つ一つ納得して、心理的に解決がついていく。それが高齢者の生産性の向上である。

過去のさまざまな問題は、心理的に解決できない限り、どんなに社会的に解決しても、過去の呪縛からは抜けられない。

憂鬱《ゆううつ》というメランコリーの諸現象も、「不可避的に課せられた課題の不成功を示している」とテレンバッハは言う。そのとおりである。

例えば、「ああ、本当にあの人は酷い人だった、殴り殺しても気が治まらない、しかしそれが自分の人生なのだ、それが自分の運命なのだ。若い頃読んだニーチェの、自らの運命を愛するということはこういうことだったのか」、そう納得して、暗い過去の霧を、追いはらう。

思い出せば切りがない。

苛《いじ》められた日のこと、親族からの屈辱の体験、近い人から軽く扱われた日の屈辱等々、数えていけば切りがないほどたくさんの忘れられないことがある。

それらのことは壮年期の、社会の中で苦戦苦闘していたエネルギッシュな時期には、忘れているかもしれない。

しかし無意識の領域には今でも残っている。そして高齢になって、その無意識の領域に残っている記憶が、よみがえってくる。

その対処を間違えると、今の老化の失敗となって表現されてくる。

そして朝から理由もなくイライラする。周囲の人には、その高齢者のイライラは理解できない。

なぜならそのイライラの原因は、今その人の周りで起きていることと関係ないからである。まさに「記憶に凍結された不愉快」である。その凍結を溶かしていくのが、高齢者の生産性である。

そのためには無理に「高齢は楽しい」などと自分に言い聞かせてもあまり効果がない。しみじみと自分の人生を振り返って、「あんな人、こんな人」を思い出すことが有効である。

人は離れ小島で屈辱を体験しているわけではない。そのときの人間関係の中で屈辱を体験したのである。

その体験の意味は、その人のそのときの人間関係で決められる。自分の人生でかかわり合った「あんな人、こんな人」を思い出して「あの人は、卑怯《ひきょう》な人だったなあ」と理解することが、「記憶に凍結されたマイナスの感情」を溶かすことなのである。

「あんな卑怯な人の態度で、自分はあんなにまで、長いこと苦しみ続けたんだ、信じられないな」、そう気がつけば、厚い氷が少しずつでも溶け出す。

そして「なんであんな卑怯な人の態度で、自分はあんなに苦しんだのだろう？」と考えれば自分も見えてくる。

それが高齢者の生産性である。お金を稼いでくることだけが生産性ではない。人は、どのような人間関係で成長したかによって生きる不安や恐怖感は違う。生きる辛さは違う。

今の不安や恐怖感を消すためには、過去の自分の人間関係を考え、自己分析することが決定的に重要である。

過去の強力な感情的記憶に気がつく

幼児期のトラウマも今の自分に影響している。

父親が怒って石を地面に投げつけた。食卓をひっくりかえした。道の途中で会ったらにらみつけて過ぎて行った。幼い自分は無視された。

母親が、火のついた棒で娘を追いかけたときの恐ろしい光景。

両親の喧嘩。妻が離婚騒動のときに夫に「5千万円くれ。そしたら別れてやる」と叫んだときの激怒した顔。

大人になって何でもない刺激がその通路を通ってしまう。すると単なる注意が拒絶に受け取れる。

このように強力な感情的記憶もある。

しかし本人の意識的記憶にないことが、本人の性格を作っている。

自分は小さい頃から憎しみの空気を吸ったか、愛の空気を吸ったか。

「脅威志向」の高い家で成長した自分、生きることは脅威であった自分が見えてくる。

嫌われている自分、人間嫌いな自分が治らない。不信感が拭えず、人を信じられる自分になれない。

子どもの頃にこのamygdala（扁桃体）にいろいろな苦しい体験が詰め込まれている。それが大人になってから、何かのことをきっかけに再体験される。だからすぐに怒り、感情が不安定なのである。

もちろん幼児期ばかりではない。その後の人生でも辛いことはある。その辛いことがあなたの神経回路に焼き付いている。

だから急に幸福になるなどということもないし、急に心理的に強くなるなどということもない。

頑固で不機嫌な老人を見て育った子どもの心のスナップ写真には、老いはそのようなものとして写し取られる。

「後にその子どもが老人になっても、この老いのイメージは変わらないかもしれない。元のイメージが、老いについて学ぶすべてのことの基盤になるのはありうることであって、たとえそれ自体を修正できたとしても、他の多くの知識がこの基盤の上に成り立っているので、新しい見方を身につけることはきわめてむずかしいのだ」[*3]

アメリカ大陸を発見するまでに乗り越えたのと同じ困難を、自分も乗り越える覚悟をして抑圧を意識化する大事業に取り組む。

高齢になって憂鬱になったときに、自分の無意識に気がつく機会を作るのである。

悩みは自分が何に動かされているかがわかれば解決する。

これがトラブルの原因であるとわかれば解決する。

人は無意識から自由ではない

人は意志で動けるのではなく、無意識の必要性に動かされている。

まず自分の要求が神経症的要求であることを頭で認める。その要求が非合理的であることを頭で認める。

そして非合理的であるが、感情的には必要なところがあると認めて、それを解消する努力をするしかない。一気に解消することはない。

人は意志で動けるのではなく、無意識の必要性に動かされている。

頭でわかっているのだけれども、気持ちがついていかない。それが無意識の必要性である。

人は、どうしても素直になれないのか？　それは退行への固着である。

何が成長をためらわせるのか？

人にとって成長することが、なぜそれほどまでに難しいのか？

満たされない欠乏欲求が、固着や退行へと導く力である。安全や安定の魅力である。

「安全と成長」の矛盾は、人間の宿命である。

無気力になると次のような議論になる。過去のことなど、仕方のないことにいつまでもこだわる。人のことを責めていても自分の人生がどうなるというものでもない。それにもかかわらずいつまでも他人のことを責めて、自分の人生を実際に改善しようとしない人が多い。

高齢になれば、「なんでこんなことも、してくれないのだ」と不満になることが多い。「してくれたっていいだろう」と怒りを感じる。

高齢になって体力が落ちてきたときの、日常生活の何でもないことが億劫《おっくう》になる。そのことを周囲の人は誰も理解してくれない。

人があることに執着するのは、人生に建設的な関心を失っている証拠である。

高齢になれば、困難にぶつかったときに、それを改善する気持ちにはならない人が多い。

それはそれだけ辛い人生を生きてきて、もう疲れているからだろう。

もちろん、高齢になっても、前向きの姿勢を崩さない人はいる。

しかし前向きになれない人には、前向きになれない理由がきちんとある。

逆に、困難にぶつかったときに、いついかなるときにも自分に援助の手をさしのべてくれる信頼に足る人物が常に存在するという、無意識に近い確信を持っている人がいる。

愛着人物の有効性を確信して成長した人は、可愛がられて育った犬のようなものである。しっかりと周囲の世界を信頼して眠っている。

周囲の世界を信頼していなければ、臆病、警戒心、不信感を持つ。これが恥ずかしがり屋の人の心理である。

心の履歴書には、出来事を書くのではない。
「そのとき誰がそばにいたか、
誰と付き合っていたか？」である。

憂鬱はあなたの過去のツケなのか

憂鬱などは、経済的なことに置き換えて言えば自己破産みたいなものである。

生まれて以来の不可避的な課題を済ましていない。アイデンティティーと言えば、役割アイデンティティーだけである。

親からの自立も、自己アイデンティティーの確立も、興味と関心の覚醒も、自己認識も、自分の適性の発見も、コミュニケーション能力の育成も、何も未解決なままで高齢になってしまった。

そして今、過去のツケの請求が来ている。それが憂鬱である。だから今は一つずつツケを払っていくしかない。

それが無意識の領域に溜まっている隠された怒りなどを、意識の上に上げて解消していくことなのである。

怒りや憎しみがあって、「素直になれ」と言っても無理である。隠された怒り、隠された敵意等々の解消が先決である。

「成熟が人間性の新たな強さと深さに到達する」とテレンバッハは言っている。

さまざまな屈辱を体験し、それを乗り越えることで、「人間性の深さに到達」する。

なんの屈辱も、辱めも、苛めも体験しないで、「人間性の深さに到達」するなどということは考えられない。

越えがたきことを越えることで「人間性の深さに到達」する。

高齢になって何かの体験をしたときに、「惨め」と感じたら、それは、現実の惨めさではないことが多い。自分が一人で勝手に惨めと感じたのである。

その間違った感じ方を治すことが、「人間性の深さに到達」するために必要なことである。

惨めさを体験しないで、優しさを身につけるということはない。惨めさを体験することで、より深い人間性を理解するようになった。それが優しさである。

この独りよがりの惨め体験も「もう一段深い人間性を獲得しなさい」というメッセージである。そうすれば壮年期には味わうことができなかった幸せを感じられるようになる、というメッセージである。

高齢になって、次々に独りよがりの「惨め体験」をする人がいる。そしてその悔しさをじっと我慢する。憂鬱にならない方がおかしい。

まず自分の「惨め」という認識が「間違っていないかどうか？」を考えることである。するとは多くの場合、それが間違った認識であることに気がつく。自分は高齢なのだという自分の位置を間違えていることが多い。

若い頃に、なかなか仲間ができない若者と同じである。自分の位置はあるのだけれども、その自分の位置がわからない。そして間違った自分の位置を、本来の自分の位置と考える。

その結果、なかなか仲間ができない。

長く続くグループは、それぞれの人が、そのグループの中で自分の役割を理解している。グループの人が、その人に期待している役割と、その人が果たそうとしている役割とが一致している。

だからそのグループは長く続く。リーダーの役割をする人は、皆からリーダーであることを期待されている。

しかし皆からリーダーと期待されていないのに、リーダーになりたがる人がいる。そういう人は、仲間ができないし、グループができない。

それと同じことで、高齢者は期待された役割をすることで自分の位置ができるのに、若者と同じ役割をしようとする人がいる。

惨めさを誇示する高齢者は、まだ青年期以来の課題を済ましていない場合が多い。つまり同情を求めている。

なぜ惨めさを誇示するかといえば、それは同情が欲しいからである。

高齢期こそ本当の自分の価値が認められる

働き盛りのときに、「共同体内個人」ということに失敗している人がいる。

しかし働き盛りのときの「共同体」と、定年後の共同体の特質は違う。求められている役割も違う。

何よりも価値観が違う。競争社会での価値観ではない。社員としての価値観を定年後にまで、そのまま引きずってはいけない。

自分の潜在的能力を活かすことを求められているのに、それに気がつかない高齢者がいる。

その新しい役割を担うには、もの凄いエネルギーがいる。

現役中に「共同体内個人」ということに失敗して、個人の小さな世界に閉じこもったとする。

高齢期こそ、人が自分自身になる、自身をありのままに受け入れる最後のチャンスである。そしてますます自分自身の力を確信する時期である。

競争社会での力は、経済力であったり、名声であったりする。

しかし競争社会を卒業した高齢期は、力とは「自己の内なる力」である。コミュニケーション能力である。自発的力である。

人は生まれてからさまざまな過ちや失敗を繰り返し、それをすべて乗り越えて、すべてを清算して最後に自分が自分自身になる。

若い日の失敗も、壮年期の失敗も、すべてを含めて自覚し、意識して、それを「あれはあれでよかった」と、すべての体験を自我に統合して自分自身になる。

過ちを犯したことを認めて、その体験を自我に統合する。それで人は生まれ変わる。

素直に努力することで、自分が自分自身になれる。

人生とは、自分が自分自身になる過程である。

それを間違えて、先に述べたように「競争的努力↓社会内での敵意↓人間関係の孤立↓不安↓競争的努力の増加」という悪循環の中で人生を終える人もいる。

心の履歴書を書いてみる

自分の心はどこで逮捕されたのか？　何で逮捕されたのか？

カレン・ホルナイは、神経症的傾向のある人は相手に従順を強制して相手を滅ぼすと言っている[*4]。

従順な子は自分の住んでいる世界を脅威に感じているのである。まるで知らない怖い動物に囲まれているように感じている。そして自分を守るために他人の欲求に敏感になる。他人の期待に応えようとする。それによって自分を危険な世界から守ろうとしているのである。

実際の自分ではいけないのだから、周囲の世界を脅威に感じるのは当たり前である。

人は、神経症的傾向のある人に従順になったときに、心に手錠をかけられるのである。

心の手錠を外す最後の機会が高齢期である。

「最後には幸せになってください」

心の履歴書には、出来事を書くのではない。

「そのとき誰がそばにいたか、誰と付き合っていたか？」である。

心の手錠を外すことが無意識の意識化であり、意識領域の拡大である。そして無意識の意識化で、心の葛藤が解決に向かい、何よりも体の健康が改善される。免疫力がついて病気になりにくくなる。

病気と高齢とが理由もなく関連づけられているが、生産的加齢で高齢期を生きれば、体調はよくなる。イメージとしても高齢は体の健康と関連づけられてくる。

そうなれば歳をとることは体の健康にプラスにこそなれ、マイナスになることはない。

生産的加齢で、人は高齢になるほどますます健康になる。そしてますます生きることが楽しくなる。

人は無意識に敵意を抱えていれば不安になる。

そこで無意識の意識化が行われれば、敵意は意識に上り、解消され、不安は消える。ただ無意識の意識化は辛い作業である。

その辛い作業を実行して、身も心もますます健康というのが高齢期の望ましい姿である。

高齢になると、体力的には若者より劣る。しかしそれは体力が衰えるということで、他のことが衰えるということではない。

若者に比べて体力は衰えても、人を見抜く力は発達している。

それなのに、体力が衰えているということに囚われる。

例えば紅茶を飲みたい、でもどうしても紅茶が飲めない。そうなると「紅茶」「紅茶」と何をしていても紅茶しか考えられないようになる。

「どうして紅茶が飲めないのだろう?」「もう駄目だ」「やっぱり、私は紅茶が飲めない運命なんだ」と次第に諦めるようになる。

やがて紅茶への執着を絶ったとき、「水」を出されると、すがるようにしてその「水」を飲む。そのとき「こんなにも水が美味しいなんて」と驚く。

今まで紅茶への執着があったときには、この美味しい水を飲もうとも思わなかった。

しかし、紅茶への執着を絶ったとき、水を飲む気持ちになった。

つまり執着を持ちつづけている限り、こうした美味しい水に気づくことはできなかった。

＊1 Ellen J. Langer, Mindfulness, Da Capo Press, 1989. 加藤諦三訳、『心の「とらわれ」にサヨナラする心理学』、ＰＨＰ研究所、２００９、２５３頁

＊2 前掲書、２５３頁

＊3 前掲書、98頁

＊4 Karen Horney, Neurosis and Human Growth, W. W. Norton & Company, 1950, p.55.

第三部 死んでも不幸を手放さない人たち

まったく自分に正直になることは、
人間のなし得るまさに最善の労作である
——ジークムンド・フロイド

満たされない基本的欲求に立ち向かう

フロイドは、「まったく自分に正直になることは、人間のなし得るまさに最善の労作である[*1]」と言う。

マズローにならえば、動機には欠乏動機と成長動機の2つがある。

欲望、願望、あこがれなど、求めているものが欠乏したときに、人は動機づけられる。それが欠乏動機である。

欠乏動機とは、安全、所属、親密な愛情関係などの基本的欲求が欠乏しているときに、それを満たそうとする動機である[*2]。

欠乏動機は、それが満たされないと健康を害するもの。その欲求は基本的なもので、主体以外の人間によって外部から満たされなければならない。

マズローは、成長と発展は、苦悩と葛藤を通じて生まれてくると言う[*3]。

マズローの主張は正しい。

「一体、成長や自己充足が苦悩や悲哀、不幸と混乱をともなわずして達成できるものだろうか[*4]」

退行欲求を満たそうとすること、それをアドラーは「固執する」と言っている。その状態を神経症と言っている。

それはマズローの言う欠乏の病ということである。

フランクルの言う断念は、満たされない退行欲求を断念することであると私は理解している。

アドラーで言えば、心の中で、退行欲求を断ち切るということである。

それは苦しいが、それで人は解放されて、救われるということである。

解放とは、退行欲求、基本的欲求からの解放である。

この満たされない基本的欲求のために、さまざまな苦しみが生じ、多くの人は神経症になる。

満たされない基本的欲求と正面から向き合うことが、勇気である。

この勇気なくして、人生の諸問題は解決できない。

勇気とは、生産的構えと非生産的構えの葛藤で、生産的構えの態度を取ることである。

生産的構えと非生産的構えとはフロムの言葉である。

アドラーの「苦しみは解放と救済に通じる」というのも、人間の生き方の基本的態度を示している。

アルコール依存症の人は、アルコールを飲めば、そのときは楽であるが、結果はもっと苦しくなる。

安易な解決が事態を悪化させる。依存症は本質的には何も解決していない。

このマズローと同じ主旨のことを、ロロ・メイも述べている。

「しかし自己の本性を実現するという人間の仕事は、もっとはるかに至難のわざである[*5]」

つまりそれがマズローの言う成長であり、アドラーの言う「苦しみは解放と救済に通じる」ことである。

人間は幸せになれるように
プログラムされているわけではない。
生きることを完全に舐《な》めて考えている現代人に、
必要なのは人間性の理解である。

欠乏動機で動くのは危険

嫌いな仕事だけれども、皆が賞賛してくれる。好きな仕事で、誰も誉めてくれない。

どちらを選ぶか。前者を選ぶ人が、欠乏動機で動いている人である。

本当はマンゴーが嫌い。でも「あの人は高価なマンゴーを食べている」と言われて満足する。そのマンゴーを食べる動機が欠乏動機である。

好きな人にふられた。そこで「あの人は私のタイプではない」と言う。「あんな女」と言う。ふられたことを認めない。

これは酸っぱいブドウである。

そして「あのブドウは酸っぱい」と言い張る。「あのブドウは甘い」と認めることが苦しいのである。

好きな人にふられたというのは、自我価値の崩壊をもたらす危険がある。

しかしその自我価値崩壊のリスクを冒して、あのブドウは甘いと認めることが「成長と救い」に通じるとアドラーやマズローは主張している。

そしてオーストリアの精神科医ベラン・ウルフに言わせれば、次のようである。

あのブドウは甘いと認めることが救いに通じるということを知らないで、酸っぱいと言い張ることが神経症である。

自己実現している人は少数の親しい人がいるとマズローは言う。

いやアドラーも、フロムもフリーダ・フロム＝ライヒマンも皆、同じように人が心理的に正常であるために社会への関心や親しい仲間が必要であることを強調している。

ノイローゼ患者はだんだん悪化するという。

彼らの新しいエネルギーの出口を見つけてやらない限り。

神経症は自己永続的である。

自己永続的であるということは、ほうっておけば死ぬまで神経症的傾向はなくならないということである。

実際マズローは「性格構造と同じである」[*6]と言う。

もしそうであれば、神経症的な傾向のある人は「自分と同じような人が楽しく生きているのに、なぜ自分はこんなに生きることが苦しいのか？」という疑問を考えなければならない。

「楽しく生きている人と自分はどこが違うのか？」を考えなければならない。

「自分はあの人たちと違って、何を解決していないのか？」と考えなければならない。

キリストの、天国への道は針の穴というのは、満たされない基本的欲求を「断ち切る」ことが如何に難しいかを語っている。

それはマズローも同じである。だから人は神経症になる。

人は満たされない基本的欲求が満たされれば、成長欲求に従って生きられる。

しかし現実には、人は理想の環境で成長するわけではない。

煩悩というのは、この満たされない基本的欲求のことである。

本当の「悟り」とは、苦しみながらも人生の意味を感じ、成長し続けるということである。

仏教の悟りも、キリスト教の回心も、フランクルも、フロムも、アドラーも、マズローも、皆趣旨は同じである。

どこかで勇気を持って、心の中で、満たされない基本的欲求を「断ち切れ」ということである。

先哲の言葉の違いは、それを明確に、こういう言葉で述べているかどうかである。満たされない基本的欲求を、心の中で断ち切る勇気がなければ、人は救われない。それはおそらくほとんどの宗教から始まって、偉大な精神医学者、偉大な思想家に共通することであろう。

隠された欲求不満

「人が満たされていない基本的欲求を、実際には満たされているかそれとも存在しないかのように、自ら確信しようとする場合」をマズローは疑似成長と言うのである。

思うようにいかないときに、その「隠された欲求不満」が近い人との関係で表れる。例えば子育てで表れる。動物への態度で表れる。

自分の子どもが仮名を覚えないと言って怒って、虐待をする母親が新聞などに載る。

それは「実際には満たされているかそれとも存在しないかのように、自ら確信しようと」しても、その欲求不満が、言うことを聞かない子どもの行動で刺激されて、子どもを虐待してしまうのである。

欲求不満の抑圧。それが疑似成長している人の恐ろしさである。

自分の欲求不満に気がついていない。

マズローによれば、「疑似自己」の子どもは周囲の人によって拒否されたばかりでなく、彼自身によって拒否された。[*7]

マズローは「何が、人が成長することを妨害するのか？」[*8]と問うている。

「人にとって先に進むことがなぜそれほどまでに難しく辛いのか？」[*9]と問うている。

人は成長する以外に生き延びる道はないのに、人はそう簡単に成長できない。

斜に構えたり、僻《ひが》んだり、妬んだり、人に絡んだり、怒りをまき散らしたり「私は凄い」と傲慢になったり、恨みがましく落ち込んだり、復讐心に囚われたり、最後はどうにもできなくなって「死にたい」と願ったりして苦しんで生きている。

成長できればすべて解決するのだが、それがなかなか成長できない。

成長なくして幸せなし。

しかし人は成長を拒否して、幸せを求める。

要するに幸せになりたいけど、辛いことは嫌ということである。甘やかされながら幸せになりたいということである。

しかしそれは無理だということを言っている。

マズローは、次のように言う。

私たちは満たされない欠乏欲求がもつ固着や退行の力について、もっと十分に知らなければならない。安全や安定の魅力についてもっと知らなければならない。苦悩、恐怖、喪失、脅威に対する防衛と保護の機能についてもっと十分に知らねばならない。

成長し前へ進むために勇気が必要だということをもっと知らなければならない。[*10]

よく「愛されるためにはどうしたらいいか？」という相談がある。

理屈は簡単なこと。

愛してくれる人を自分の方から排除しなければいい。それだけで人は愛される。

2人で食事中。「その食べ方、おかしいよ」と注意してくれる人が、相手を愛している人である。ふれあっているからそう言える。

愛されないと不満な人は、そう言ってくれる人を自分の方から遠ざけている。

だから愛してくれる人がそういう人の周囲にはいなくなっただけのことである。

2人で食事中。「あなたは素敵、好きよ」と言う人がいた。悩んでいる人はそう言ってくれる人が自分を愛してくれていると思った。これはふれあっていない。

愛情飢餓感が強くて、人を見分けられない人は成長できない。

味覚がわからない人を考えてみればわかる。

酸っぱいも、にがいもわからない。腐ったものを食べてもわからない。

そしてお腹を壊す。

成長において大きな影響を持つ安全性

マズローの言うことを一口でまとめれば、成長することは、通常人が考えているよりもはるかに困難に満ちたものであることを、私たちは知らなければならないということであろう。

まさにそのとおりである。人間は幸せになれるようにプログラムされているわけではない。

生きることを完全に舐めて考えている現代人に、必要なのは人間性の理解である。

マズローは、さらに次のように説明する。

人は、恐れから安全や防衛にしがみつき、退行しがちである。人は母親の原始的な結びつきから離れることを恐れる。チャンスをとることを恐れる。すでに持っているものを危険にさらすことを恐れる。独立、自由、分離を恐れる。[11]

内なる感情や思考は、安全性が優位するところまで後退する。[12]

マズローも安全性が確かめられると、より高い欲求や衝動を発現させると言う。安全性が脅かされると、一段と基本的な欲求に退行する。

「安全をギブアップするのと、成長をギブアップするのとの選択において、通常は安全が勝ち抜く。安全の必要性は、成長の必要性より優勢である」[13]

この退行欲求の強さは想像を絶するほど強い。その点の理解が足りないから、人は幸せになれない。

マズローもカレン・ホルナイも同じ主張である。

すでに説明したように、ある高齢者が死を前にして「やろうとしていたことの一つでもしていたら『俺の人生は』また変わっていたろう」という痛切な後悔の念を書き残した。

この高齢者は自分の人生において、常に成長をギブアップし安全を選択してきたのである。

そして、安全が確保されたところでできることをしてきた。

この高齢者にもいろいろとやりたいことはあったろう。内なる願望はあったろう。しかしその「内なる感情や思考は、安全性が優位するところまで後退」してしまっていた。

この高齢者の言葉は、「私は安全が確保されたところでしたいことをして生きてきた。しかしそれは、後から考えるとすべて意味のないことだけだった」という意味である。

一般に安全を感じる子どものみが、あえて健康に成長へと進むとマズローは言う。満たされないと、その安全への必要性は無意識の世界に永久に残る。

そして無意識の領域から満たされることを求め続ける。背後から永久に満たされることを要求し続ける[*14]。

これが自己執着の強い人である。自己執着の強い人は、自分が自分の無意識にある欲求不満に背後から支配されていることに気がついていない。

しかしそれがマズローの言う成長の条件であり、アドラーの言う「苦しみは解放と救済に通じる」という意味である。

マズローの言う「成長し前へ進むために勇気が必要だ[*15]」ということである。

前提の第一は、人間存在は矛盾しているということである。

理性と感情、良心と本能衝動、理想と現実、建前と本音、オモテとウラ、神と悪魔。

マズローは自らの著作[*16]でそれらについて「善と悪」を統合しようとする試みと述べている。

人間性には神性と獣性が含まれている。人間性の二重構造である。人間の獣性を否定してみても、単なる現実否認で意味がない。現実に人間には獣性はある。

私たちは自らの獣性の存在を否定ではなく、それを善へと統合することを目指さなければならない。

不安よりも不幸が心理的に楽

成長の苦しみと退行の苦しみ。

どちらで努力するかで結果は全く違ってくる。

欠乏動機と成長動機の葛藤は、生涯を通じた葛藤である。

世の中には「死んでも不幸を手放しません」と言う人がたくさんいる。それは退行欲求の強さを表している。

人は不安を避けたい。そこで命がけで不幸にしがみつく。「不幸か幸福か」の問題よりも、「不安か安心か」の問題の方がはるかに深刻である。

不幸と不安の選択で、人は不幸を選ぶ。別の視点で表現すれば、それが退行欲求の恐ろしさである。

夫はアルコール依存症で妻に暴力を振るい、働かないで浮気をしている。奥さんの働きで生計は成り立っている。

別れればよいだけのことである。しかしどんなに不幸でも、離婚する不安よりはよい。だから「死んでも不幸を手放しません」という態度にならざるを得ない。

それは不安よりも不幸の方が心理的に楽だからである。

結果はどうなるか。

長いこと安心を求めて欠乏動機で動いていれば、次第に無気力になる。やっていることに興味がなければ、エネルギーは長続きしない。

自己実現が成長動機からの行動であり、自己栄光化が欠乏動機からの行動である。

「大部分の神経症は、他の複雑な決定要因とともに、安全、所属、同一化、親密な愛情関係、尊敬と名誉に対する満たされない願望から生じるものである」[17]

人の心を失うことを恐れて行動する。そのような行動は、自分の本性を裏切るなどの行動であり、そのような行動は欠乏動機からの行動である。

そうした態度が長く続くと、自分は何者であるかがわからなくなる。

そして偽りの人間関係を維持するために本来の自分の感じ方、考え方を犠牲にする。そのように自分を偽っているうちに、自分が本当にはどのような人間であるかもわからなくなる。

マズローは「完全な矛盾[18]」という言葉を使っているが、つまりは社会的正常性と、心理的正常性が矛盾するということである。

すべては正常であるが、彼は拒絶されている。つまり無気力になる。生きている意味

ロジカルダイエット

3か月で「勝手に痩せる体」になる

清水 忍

たちまち4刷!

二度と太らない体になりたいなら本書は必ず役に立つ。ダイエットを論理的《ロジカル》に突き詰めれば、筋トレも有酸素運動も痩せる効果は期待できず、食事を管理するほうが合理的だとわかる。摂るべきカロリー量の算出法は？　それでも運動が要るのはなぜ？　リバウンドをどう防ぐ？　あらゆる疑問に明快に答え、あなたを痩せた人間に生まれ変わらせる超合理的メソッド。

●990円

日本の10大カルト

島田裕巳

2022年7月8日に起こった安倍晋三元首相の暗殺事件以来、旧統一教会（現・世界平和統一家庭連合）をはじめとするカルト宗教に注目が集まっている。だが、そもそもカルトとは何か？　単なる新宗教とカルトの線引きは？　本書では日本社会でカルトとして扱われてきた代表的10団体を選び、創設の経緯、特徴、現在の信者数、今後予想される展開などを概説した。

●1056円

アリの巣をめぐる冒険

昆虫分類学の果てなき世界

丸山宗利

アリの行列をじっと眺めていると、アリ以外の生き物が何食わぬ顔で混じっていることがある。アリの巣にはさまざまな昆虫が居候しているのだ。そんな好蟻性《こうぎせい》昆虫に魅せられて研究を続ける著者。居候たちの正体とは？　どんな目的で棲んでいる？　そこには驚くほど多様な、虫たちの生存戦略があった。汗と忍耐と興奮の冒険を、若き昆虫学者が綴った名著の新装版。

●1144円

「愛着障害」なのに「発達障害」と診断される人たち

岡田尊司

「発達障害」と診断されるケースが急増している。一方で「発達障害」や「グレーゾーン」と診断されながら、実際は「愛着障害」であるケースが数多く見過ごされている。なぜ「愛着障害」なのに「発達障害」と間違えられるのか？　本当に必要な対処とは何か？　豊富な事例とともに「発達障害」と誤診されやすい人たちの可能性を開花させるための方法も解説。

●1122円

「アート」を知ると「世界」が読める

山中俊之

NYタイムズではアート関連の記事が頻繁に1面を飾るが、日本でそのようなことはなく、アートに対する扱いの差が日本と欧米のイノベーション格差の表れであると、世界97カ国で経験を積み、芸術系大学で教鞭をとる元外交官の著者は言う。そこで本書ではアートを目の前にして、いかに問いを立て、深い洞察を得るかについて解説。アートの魅力が倍加すること必至の一冊。

●1166円

「当たり前」を疑う１００の方法

イノベーションが生まれる哲学思考

小川仁志

新しい発想で世界経済をけん引する企業が次々と登場する欧米に比べ、なぜ日本ではイノベーションが生まれないのか。それは、欧米では子どもの頃から「当たり前を疑うことが大事だ」と徹底的に教え込まれ、物事を批判的に思考するクセができているから。その教育の根底にあるのが「哲学」だ。古今東西の哲学をもとに、ものの見方が変わる１００のノウハウを伝授する。

●990円

話題のベストセラー

新・幕末史

グローバル・ヒストリーで読み解く列強VS.日本

好評3刷!

NHKスペシャル取材班

写真・下関戦争で連合国によって占拠された長府の前田砲台
（フェリーチェ・ベアト撮影、長崎大学附属図書館蔵）

戊辰戦争の裏で、列強による日本植民地化計画が進んでいた！

西郷隆盛、坂本龍馬、勝海舟らが主役となった幕府と反幕府勢力の戦いの背後では、世界の覇権を争うイギリスとロシア、そしてフランス、プロイセンなどの列強が、日本への影響力強化を目論み、熾烈な攻防を繰り広げていた。そんな中で日本はなぜ独立を守れたのか。国内外の最新研究や機密文書を踏まえ、黒船来航から戊辰戦争終結までの激動の十六年を描き出す。

機密文書が明らかにしたロシアの対馬占領計画／戦争の一歩手前だった幕府とイギリス／大政奉還にはグレート・ゲームが深く関わっていた／暗躍するプロイセンの武器商人とガトリング砲／誰がための勝利だったのか　…ほか

●1210円

話題の一冊

「人生、こんなはずじゃなかった」の嘆き

加藤諦三

3刷

老いと成熟の心理学

「老いても幼稚な人」「晩節を汚す人」にはなりたくない

どれだけ社会的成功を手にしてきた人でも、いつまでも自分が「すごい人間だ」と思い込んでいたら「裸の王様」になって孤立し、不満と後悔のうちに死んでいくことになる。人生を最後まで生き抜くのは大変な難事である。普通の暮らしに感謝する。他者との比較をやめ、執着しない――。人生の見方を変え、老いを輝かせて幸福を引き寄せる、高齢者とその家族必読の書。

恨みで一生を終えるのですか／他人の幸福を祈る人はうつにならない／失敗は人生を意味あるものにする／高齢者は本来幸せで、健康で、活動的／過去の成功に頼る人は行き詰まる／完璧な健康を求めない…ほか

●1034円

株式会社 幻冬舎
〒151-0051 東京都渋谷区千駄ヶ谷4-9-7
［編集局］TEL03-5411-6211 FAX03-5411-6225
［営業局］TEL03-5411-6222 FAX03-5411-6233
［幻冬舎ホームページアドレス］https://www.gentosha.co.jp/

がわからなくなる。

自分を侮辱する相手に対して従順になることで自分を守ろうとすると、その度に自分が自分にとって頼りなく感じるようになる。

その結果、本当に楽しいということがなくなる。

真の自己の発展は「楽しいこと」の体験が欠かせない。

劣等感をもつと2つのことが出てくる。
1、人間嫌い
2、楽しいことがない
自己実現には、どうしても自己信頼が必要である。

自分の本性を裏切るなどの行動を続けながら、社会的に正常でいることは、病気なのに健康なフリをしながら生きているのと同じことである。

人に負けてもいい。

しかし自分に負けるな。

退行欲求に負けるな。

「疑似自己」から解放されて本当の自分になる

自分の本性を裏切りながら、生きていかざるを得ない人がいる。それは疑似自己で生きているということである。

「疑似自己」とは本当のことが言えないで生きている人の「自己」である。

なぜ彼女は好きでもない人と結婚したのか。それはマズローの言葉を借りれば「喜びのためではなく生きのびるため[*19]」である。

「疑似自己」とはまさに生きのびるための自己である。

自分にとって重要な他者に気に入られるために、楽しくなくても「ああ、楽しかった」と思わなければならない。

そして大袈裟に「ああ、楽しかった」と言う。

父親に言われた草取りの仕事で疲れているのに、「疲れた」と言えない。父親に気に入られるためである。

真面目に努力しながら挫折する人は、小さい頃から従順であった。自分の意思で何かをしてこなかった。

従順そのものが悪いのではない。何に従順であったかということが問題である。病んだ集団の中にいて従順であれば、その人自身が病んでいく。

自分が病んだ集団にいると気がついたときには、すでに遅すぎることが多い。

彼らは本来の自己とは違った人間になることを強制された人である。それは本来の自分を断念し、そこから立ち上がれなかった神経症的傾向のある人である。

「自分自身になる」とはどういうことか。

それは「疑似自己」ではないこと。

つまり次の2つがあることである。

1、自己肯定感が強い

2、成長欲求がある

「疑似自己」で生きている人には常に実存的欲求不満がある。

それは社会的に成功しても、絶望している人である。フランクルの言う「成功と絶望」である。

「満たされない願望から生じるもの」が、幸せになることと矛盾している。そこで不幸にしがみつかざるを得ない。つまり「満たされない願望から生じるもの」を優先する。未練は未来を閉じ込める。

「満たされない願望から生じるもの」を満たそうとすることが、例えば優越への願望である。

勇気とは、「満たされない願望」を断念して、そこから立ち上がり成長欲求を選ぶことである。絶望するから新しい世界が開ける。

対象喪失の悲哀とその過程における「断念すること」こそが、苦悩能力である。絶望から蘇《よみがえ》れば新しい人生が手に入る。

勇気とは成長欲求と退行欲求の葛藤で成長欲求に従うことである。

マズローの言うように成長には「苦悩や悲哀、不幸と混乱」が伴う。

「産みの苦しみ」という言葉がある。それが成長の苦しみである。成長の苦しみには「苦悩や悲哀、不幸と混乱」が伴う。

勇気とは、フロムの言葉を借りれば生産的構えと非生産的構えの葛藤で、生産的構えの態度を取ることである。

現実の苦しみと神経症的苦しみを区別しなければならない。

それが神経症的苦しみなのに、現実の苦しみと思ってしまう人がいる。今囚われている苦しみの原因をすり替える。自分の心が問題を抱えているから苦しいのに、現実が苦しいと、苦しみの原因をすり替える。

不幸から抜けきれない人は、努力が生産的努力になっていなかった。

劣等感からの努力、優越するための努力、それらはすべて無駄な努力である。不幸になるための努力であった。

成長欲求と退行欲求の葛藤で、本人は退行欲求に従っているつもりはない。

しかし恐ろしいのは、退行欲求は変装して現れるということである。その人を背後から支配しているのは、その人の無意識である。

例えば惨め依存症という形で現れることもある。アルコール依存症の人がアルコールなしに生きられないように、惨めさを誇示しなければ生きていかれない。

フロムの言う神経症的非利己主義といわれる形で現れることもある。利己主義が非利己主義という仮面を被って現れる。

サディズムが、愛という仮面を被って現れることもある。

一般的な表現をすれば、退行欲求は成長欲求の仮面を被って現れることがある。

その場合にはいつになっても解決はしない。悩んでも、悩んでも悩みは解決しない。

悩みは成長欲求に従うことによってしか解決しない。

成長欲求と退行欲求の葛藤で、本人は成長欲求に従ったつもりで、実は退行欲求に従って生きているからいつになっても悩みは解決しない。

彼を背後から支配しているのは、彼の無意識である。

不幸になるだけの努力はやめませんか？

なぜ人は毎日悩むのか？

なぜ人は毎日「死にたい」と言うのか？

悩んでいる人が今まで一所懸命に生きてきたことはわかる。しかし一所懸命に頑張っている人がすべて成長動機で動いている人とは限らない。

最も賢いはずの中高年の自殺が多い。その人たちは怠け者ではない。一所懸命働いた人々である。

どこが間違ったのか。

心理的に健康な努力と強迫的努力との違いを認識することが重要である。「自分を支配しているのは、背後からの無意識である」ことを意識化することが重要である。

不幸になるだけの努力がある。

それをやめれば幸せになれる努力がある。

しかし不幸になるだけの努力をやめられない。それは不幸依存症である。

頑張って不幸になるだけの努力をやめようとしてもやめられない。

それはアルコール依存症の人がアルコールをやめられないのと同じである。

タバコをやめた方が健康によいとわかっている。でもタバコをやめられない。

タバコが自分の健康を害することを知っている。人の迷惑になり、周囲の人の健康にも害になるとわかっている。

でもタバコをやめられない。

それと同じである。この努力が自分の幸福の害になると心の底ではわかっている。

この努力をやめれば幸せになるとわかっている。でもその努力をやめられない。単純化して言えば、不幸になるだけの努力は死んでもやめられない。真面目な人の中にそういう人が多い。

真面目に努力しながらも不幸な人は、たいてい不幸になるだけの努力を続けている。

結局、タバコをやめられない人と同じである。

社会的に善良な人で、不幸依存症の人は多い。

自分も人も幸せにするお金がある。同時に自分も人も不幸せにするお金がある。

同じお金が幸せの原因にもなり、不幸の原因にもなる。

もし勇気という言葉を使うなら、勇気とは不幸になるだけの努力をやめる努力のことである。

会社も家庭も何もかも嫌になって、アルコールに逃げる。そしてアルコール依存症になる。

無意識で生きることが嫌になった。そして生きることから何もかも逃げ出したい人が、不幸になるだけの努力に逃げる。

不幸依存症の人は、心理的に未解決な問題を抱えて、そこから目をそらすために努力を始めた。不幸になるだけの努力に逃げたのである。

心理的に未解決な問題に正面から立ち向かう勇気がない。そこで不幸になるだけの努力に逃げた。

まさにアドラーやベラン・ウルフが言うように、神経症的傾向は勇気の欠如である。

それは不幸依存症という神経症的傾向である。

不幸になるだけの努力をやめる、その勇気をもてば幸せになれる。

人は皆幸せになりたいと願っている。その気持ちに嘘偽りはない。

しかし幸せになりたいという願望よりも、不幸になる魅力ははるかに強烈である。

不幸になる魅力、それは心理的な安全の魅力である。

幸福をギブアップするか、安全をギブアップするか。心理的に未解決な問題を抱えている人は幸福をギブアップする。

人に意地悪をしては、最後には幸せになれないと誰でもわかっている。人の幸せのために働くことの気分のよさが、自分の幸せになるとわかっている。

でも人を苛める魅力に勝てない人が多い。

不幸な人は、人の幸せを願う気持ちよりも嫉妬、妬みの気持ちの方が強い。

それがどんなに茨《いばら》の道でも、心に深刻な問題を抱えている人は不幸になる道を選ぶ。そして実際に不幸になる。自分で自分が不幸になりながら、さらにそこでまた人を恨む。

自分で不幸にしがみつきながら「私は幸せになりたい」と言う。「私は幸せになりたい」も本音だが、先に使用した文章を使えば、その人は「自分の無意識にある欲求不満に背後から支配されていることに気がついていない」。

とにかく自分の無意識にある憎しみに気がつくことが、幸せになる出発点である。

それを認めなければ、死ぬまで不幸である。死ぬまで不幸になるだけの努力を続ける。

そして「私は真面目に一所懸命努力してきた」と言う。行動としては間違いない。そのとおりである。真面目に一所懸命努力してきた。

そこでさらに世を恨んで、もう一段深刻な不幸になる。

不幸になるだけの努力を、どうしてもやめられない。どうしてもタバコをやめられない。

そういうときには、タバコを減らしながら健康によいことを始める以外にはない。

心身ともに健康になって、気力が湧けば、タバコをやめられるときが来るかもしれない。

それと同じで、どうしても不幸になるだけの努力をやめられないのだから、暫《しばら》くは続けるしかない。

ただ不幸になるだけの努力を続けながらも、自己実現の努力を少しずつでも始めることである。

自己実現のための努力は、幸せになるための努力である。成長欲求からの努力である。

仕事の業績はあなたを救わない

依存心の強い人は、相手を直接意識的に憎むのは怖い。そこで敵意を抑圧する。つまり敵意を無意識に追いやる。そこで本当は敵意があるのに迎合する態度になる。

相手に気に入られたいから、マイナスの感情を表現しない。

それが迎合である。迎合する人は直接的に欲求表現ができない。

なぜ喜ばそうとするのか？

思いやりから相手を喜ばそうとしているのではない。他人を喜ばそうとすること自体が悪いのではないが、問題は「気に入られたい」という動機である。

その動機故に実際の自分を裏切る。

この抑圧から不安が生じる。

迎合の隠された動機は敵意である。そして表面的に迎合すればするほど、無意識の領域で敵意が強くなる。

迎合すればするほど無意識の領域で相手が嫌いになる。しかしそれを表現できないからいよいよ自分が頼りなくなる。

「抑圧された敵意がいっそうおおくの不安を生み出すということは、よく知られている現象である[*20]」

中には不安からワーカホリックになる人もいる。仕事をしないではいられない。仕事をしていないと不安に直面してしまうからである。

「不安を静める一つの方法は、熱狂的に活動しまくることである[*21]」

ワーカホリックの人は、自分は仕事熱心だと思っていることがある。社会もアルコール依存症のように非難しない。

ワーカホリックもアルコール依存症も、心理的には同じことである。

人は小さい頃からさまざまな屈辱を味わう。多くの人は、劣等感で心が傷ついている。その心の傷を癒したい。そのために社会的に成功して世の中を見返そうとする。

その劣等感を動機とした努力は、人を救わない。逆である。そうした努力は、その人を背後から支配して不幸への道に追いやる。本人は自分が背後から支配されていることに気がつかない。

業績は自分を救わないということを、まずしっかりと認識することである。

不幸になる努力をしている人は、不安から逃げている。業績を上げることに逃げている人の典型がワーカホリックである。そしてもちろんやがて消耗して業績を上げられなくなる。

それでも不安から逃れるために、仕事に執着し続ける。そして最後には燃え尽きる。

不安から業績を上げようと必死になるのだろうが、業績はその人を救わない。

それがわかっていても仕事を辞められないのは、まさに仕事依存症である。先に述べたように心理的にはアルコール依存症と変わらない。

業績を上げ続けていないと不安だから、仕事を辞められない。肉体的にはもうこれ以上仕事をしてはいけない、休まなければいけないとわかっていても、不安だから仕事を辞められない。

今自分のしていることは自分にとって望ましくないとわかっていても、辞めると不安だから辞められない。

自分にとって望ましいと、頭でわかっていることをしようとすると不安になる。そして、自分にとって望ましくないとわかっていることをしないではいられない。

しかもその仕事は辛い。決して楽しいことではない。それでも辞められない。辞めると不安なのである。

ワーカホリックもやがては社会的に挫折する。

だから「自分は今心理的に病んでいるのだ」ということをまず自覚することである。

「われわれは、たえず成功を求めて努力すべく駆りたてられている。これは自分の自我を確認し、不安を和らげる大事な方法である」[*22]

人から認められることで、自分の自我を確認する。この説明はよくわかる。不安な人はとにかく人に認められたい。簡単に言えば自己不在である。

そうなってしまうのは、成長に対する安全の優位である。

今の不安は、これまでの生き方のツケである。自分を裏切り続けて生きてきたツケである。彼を背後から支配しているのは、彼の無意識である。

不安で自己不在だから、とにかく人に認められたい。人に認めてもらう以外に自我を確認しようがない。

つまり無駄な努力以外に自我の確認をしようがない。

人に認められようとすることは退行欲求である。

人に認められること以外に、努力を向けることは苦しいことである。

それは退行欲求を退けて、成長欲求に従うことだからである。

しかしこのときに体験する苦しさ以外に、人を救う道はない。

真面目に努力しながらも不幸な人は、
たいてい不幸になるだけの努力を続けている。
自分も人も幸せにするお金がある。
同時に自分も人も不幸せにするお金がある。
勇気とは不幸になるだけの努力を
やめる努力のことである。

どうしたらよいか？　ではなく、何故こうなのか？

人はよく「ではどうしたらよいか？」ということを質問する。

しかし「ではどうしたらよいか？」と言う前に「自分は今、何故こうなのか？」ということを考えるのが先決である。

しかしこれを少しずつでいいから「他人ではなく、神さまに認められる」という考え方に方向を変えていくことである。少しずつでいいから、神さまに認められるように行動する。

神さまと言っても宗教のことを言っているのではない。自分の心の中の神である。自分の「心の砦《とりで》」である。

不安な人は、不安を和らげる方法は成功であると思うであろうが、しかし現実には成功で不安は和らがない。

だから自分の心の中の神さまに認められることで、不安を和らげることを考えるしかない。

そしてその方向に態度を変えてみると、あるとき「ふと」、安らぎを感じる。

人から認められることではなくても、自分の自我を自分が確認することができる。

先に述べた「われわれは、たえず成功を求めて努力すべく駆りたてられている。これは自分の自我を確認し、不安を和らげる大事な方法である」という言葉が完全に当てはまる人は、心の安らぎを感じる体験をしていない。心の安らかさを味わっていない。

心の安らかさを体験していない人に対して、「成功を求めて努力するな」と言っても、無理である。それを敗北としか解釈しようがない。

しかし自我の確認という心の安らかさを、ほんの少しでも味わえば、考え方は変わる。

「成功とは全く別に自我の確認という心の安らかさがあるのかもしれない？」と感じる。

確信できなくてよい。「もしかすると？」という程度でよい。懐疑でよい。

「たえず成功を求めて努力すべく駆りたてられている」人は、成功以外に心の安らぎはないと根っから思い込んでいる。

「神さまに認められる」ということに眼を向けるのは、その疑いのない確信に風穴を開けるためである。「あれ？」と感じることがあるかもしれない。

だからこの自分の心の中の神さまは、人間に甘い神さまでよい。適当な神さまでよい。

次に「損か？　得か？」を考える。

自分があることをしようとする。仕事でも、付き合いでも、飲みに行くのでもよい。何でもよい。

それをすることが辛いときに、「これをするのは得か？　損か？」を考える。

つまり自分が幸せになるのにこのことをするのは「得か、損か」である。

やらなければならないと思っていることの中に、自分が幸せになるためには「これはどう考えても損だな」と思うことがあるに違いない。

今しようとしている仕事は嫌いである。やりたくない。自分には向いていない。でも成功するためにはそれを「しなければならない」。

自我を確認するためには、どうしてもその仕事をして成功しなければならない。

しかし自我を確認して安心するためには、これが唯一の方法なのか？

さらに、その先に本当に幸せは見えているのか？

「認められる」立場から「認める」立場に変わろう

自分が認めてもらいたいのは「あの人」だけど、本当にあの人はそんなに凄い人なのか？

あの人が認めてくれなければ、自分は自分の自我の確認ができないのか？

エレン・ランガー教授のマインドフルネスという概念に従って、その人を別の視点から見てみる。

あの人はいつも人を非難している。例えば、あの人はいつも人の悪口を言っている。

悪口依存症と呼んだらいいような人である。

あの人は人を批判しないではいられない人かもしれない。人を批判することであの人自身が自分の自我を確認しているのかもしれない。

とすると私は？

「私は、悪口依存症の人の批判を恐れて、怯《おび》えている」と気がつくことはないか？

自分が認められようとして不安になっている。その相手の心の中を、今度は逆に自分の側が観察してみる。

「たえず成功を求めて努力すべく駆りたてられている」人は、自分の立場を変えられない。対象無差別に人から認められたい。

そこで立場を変える。自分がいつも「認められる立場」から逆に「認める立場」に変わる。

対象無差別に人から認められたい人は、なかなか立場を変えられない。人を観察することができない。

「ああ、この人は不安だから人を非難罵倒しているのだ」と相手を観察できない。常に自分は人から批判される立場なのである。

常に自分は人から好かれたり、嫌われたりする立場なのである。受け身の立場を変えられない。

自分の方が相手を好きになったり、嫌いになったりしてもよい。しかし無差別に人から認められたい人はこれができない。

一度いつもの自分の立場は、「損な立場か？　得な立場か？」を考えてみる。

自分が勝手に自分の立場を決めているのである。他の人が決めたのではない。

さらに自分の性格を人に決められている。常に人から評価される立場に立つ。

よく「私は無口です、暗い性格です」と言う。しかしそれは他人が貼ったレッテルであることが多い。

そのようなレッテルを貼られて「人とよくしゃべれない」と言う。

そして職場でうまくやれないという。

それを「地獄の苦しみ」と言い、「なんで私だけが」となる。

常に人から評価される立場というのは、幸せになるためには損な立場である。そして自分から損な立場にしがみついている。

「自分自身のことなのに、何でそこまで人に決められなければならないのか？」と思う人ほど何もかも人に決められている。自分のことなのに、自分で決められないで、人に決められている。

「私は弱い人間です」と決めている。「私は、相手にとってつまらない人間だと決めていますから、相手の失望が怖いのです」と言う。

人はそう簡単に立場を変えられない。

いつも人から評価されることを恐れている人は、受け身で、依存的欲求が強いからである。受け身でなければ、それほど傷つかない。

自己執着から、常に自分は評価される立場になっている。自己執着を乗り越えるためには自我の確立が必要である。そのためには無意識の意識化が必要である。

自我の確立とは、ロロ・メイの言う「自己の内なる力」を持つことである。

そうした意味で、「疑似自己」で生きてきた人が人を観察する立場に立つことは、それほど簡単なことではない。

自我の確立は、同時に自分の位置がわかるということでもある。

女性が死ぬほど好きな男性だから、女性に「ネクラ」と言われて、傷つく。

そしてテレビでもラジオでも何でもよいが、「ネクラ」という言葉を聞くと、ドキッとして身の毛もよだつほど恐ろしい。

常に人から「こうしてもらいたい」という欲求が強い。希望に燃えて新入社員として出社しても、ちょっとした失敗ですぐに自信を失う。

自分の中に自発性、能動性、積極性が出てくれば、自然と立場は変えられるのだが、それがないときには意識的に、立場を変える練習をする。

＊1 Abraham H. Maslow, Toward a Psychology of Being, D. Van Nostrand, 1962. 上田吉一訳、『完全なる人間』、誠信書房、１９６４、91頁
＊2 前掲書、38頁
＊3 前掲書、23頁
＊4 前掲書、25頁
＊5 Rollo May, Man's Search for Himself, W. W. Norton & Company, 1953. 小野泰博訳、『失われし自我をもとめて』、誠信書房、１９７０、95頁
＊6 Abraham H. Maslow, Toward a Psychology of Being, D. Van Nostrand, 1962. 上田吉一訳、『完全なる人間』、誠信書房、１９６４、84頁
＊7 Abraham H. Maslow, Toward a Psychology of Being, D. Van Nostrand, 1962, p.60.
＊8 Ibid., p.54.
＊9 Ibid., p.55.
＊10 Ibid., p.55.
＊11 Ibid., p.55.
＊12 Karen Horney, Neurosis and Human Growth, W. W. Norton & Company, 1950, p.21.

*13 Ibid., p.58.

*14 Abraham H. Maslow, Toward a Psychology of Being, D. Van Nostrand, 1962, p.58.

*15 Ibid., p.55.

*16 Abraham H. Maslow, Toward a Psychology of Being, D. Van Nostrand, 1962. 上田吉一訳、『完全なる人間』、誠信書房、１９６４、４頁

*17 前掲書、38頁

*18 前掲書、60頁

*19 Abraham H. Maslow, Toward a Psychology of Being, D. Van Nostrand, 1962, p.60.

*20 Rollo May, The Meaning of Anxiety, W. W. Norton & Company, 1950. 小野泰博訳、『不安の人間学』、誠信書房、１９６３、１３７頁

*21 前掲書、１３７頁

*22 前掲書、１３９頁

第四部 他人や悩みに殺されない生き方をしよう

危険を恐れず生きよ。チャンスを摑め

――ベラン・ウルフ

幸せになれるパーソナリティーとは

成長動機で動いている人は、「他人に頼ることが少ないので、両価的になることは希《まれ》で、不安や敵意も、賞賛や愛情を求めることも、少ないのである」[*1]。

欠乏動機の人は、相手が自分にとって役に立つか立たないかという視点から見る。そこで相手は代理可能となる。

つまり相手を、自分の成功に「役立つかどうかの見地」からしか見ない。

彼らは賞賛それ自体を求めているのであって、相手との心の交流を求めているのではない。

成長動機で動いている人は相手を道具としてではなく、独立した一個の人間として見る。

自分の立場を、人から評価されるだけの立場から、相手を観察する立場に変える。

それは簡単なようで難しい。

それは自分の動機を、欠乏動機から成長動機に変えることだからである。

欠乏動機から成長動機に自分を変えるということは人を批判することではなく、自分で自分を評価できるように努力することである。人を批判することは欠乏動機である。

欠乏動機から成長動機に自分を変える努力をする人は、自分を批判する人に怒りを感じることではなく、「この人はなぜ人を批判するのか？」と相手を観察することである。

欠乏動機から成長動機に自分を変えるということは、相手に過剰に反応しないことである。

「人びとは、全体的、多面的な独自の個人としてでなく、役立つかどうかの見地から、みられるのである」[*2]

「全体的、多面的な独自の個人として」見ることが、相手を観察することである。

先に述べたごとく、フロムの言う生産的構えと非生産的構えの葛藤がある。

生産的構えで生き抜くことは、エネルギーがいるばかりでなく、絶えず非生産的構えに傾く自分をコントロールしなければならない。

これはまさに苦しみである。この苦しみこそ人間の解放と救済をもたらす。

生産的構えの人は、問題が解決できないときに、外側のことに原因を帰することをしない。

これはまさに苦しみである。自分のできなかったことを、できなかったと認めることだから苦しい。

非生産的構えの人は、自分の困難の原因を外側のことに押しつける。

非生産的構え、悲観主義的解釈、問題解決の意志の欠如という３つは、同じ１つのパーソナリティーの特徴の違った側面である。

それは幸せになれないパーソナリティーである。

例えば偏見を持った人である。偏見を持てばその場は、心理的に生きることは楽である。

逆に幸せになれるパーソナリティーというのがある。

欲求達成タイプ、過程重視、マインドフルネス、自己実現が動機になる、無心、能動性等である。

幸せになれないパーソナリティーは、価値達成タイプ、結果重視、マインドレスネス、劣等感が動機、自己執着が強い、受動性等である。

この２つの違いがアドラーの言う「人生のスタイル」であろう。

全体としての人間のあり方の問題である。

低く評価されることを恐れる人が、幸せになれないパーソナリティーである。

例えばそれは恥ずかしがり屋の人である。つまり無意識に敵意がある。

恥ずかしがり屋の人は、例えば所謂《いわゆる》レジリエント（回復力のある）・パーソナリティーの人のまねはなかなかできない。それは心の底に敵意があるから。

心の底に敵意があると、人生で損なことばかりする。

他者に自己を委ねると、心が破壊される

不安に対する第一の反応。それは迎合。

しかし迎合による解決はさらなる問題を生む。

迎合によってその人の心の葛藤は解決されないばかりでなく、その人の内面的強さを破壊する。

迎合イコール服従ではないが、迎合とか服従によって人生の諸問題を解決しようとしている人がいる。アドラーに言わせればそういう人は多い。

問題は、周囲のずるい人がそれを当たり前のことと受け取り出す。それに慣れてしまう。

スペインにお城を作る努力をしている人がいる。

それは無駄な努力である。不幸になる努力である。

自分の家を作る努力をしている人がいる。幸せになる。

自分の家を作る人は幸せをつくり、スペインにお城を作る人は失望するだけである。

スペインにお城を作るのは人に見せるためである。認められるためである。自分の安全のためである。

自分の家を作るのは、自分のためである。自分の成長のためである。

スペインにお城を作るエネルギーを、自分の家を作るエネルギーに変える。それで幸せになれる。

そのためには、自分を背後から支配している無意識の力を意識化することである。

生きることは誰にとっても試練の連続である。
棺《かん》桶《おけ》の蓋が閉まるまで試練は続く。

幸せは安全性の優位と対立する

どうしても素直になれない人がいる。

それは、無意識にある今までの欲求不満の積み重ねで、退行欲求への固着を表現している。

人が成長することは至難である。

安全第一で、傷つくことを避ける。傷つくことから逃げる。

安全第一で退行欲求を選択する。

どうしたら傷つかないかということばかりを考えていて、自分の能力を使う喜びの体験がない、自己実現がない、成長欲求を選択しない。

拒絶されることを恐れて自己主張できない。まさに勇気の欠如である。

拒絶されることを恐れながらも自己主張するのが苦しみであり、苦しみは解放と救済に通じるものである。

一人前の義務と責任を果たすことが苦しみであり、苦しみは解放と救済に通じるものである。

決断不能、疑い深さ、独りよがりの実力感と安定感。

そうして逃げているうちに、自分が誰であるかわからなくなる。本当に欲しいものがわからない。目的がわかっていなかった。

安全第一になるのは、幼児願望が満たされていないから。

現実からの退却。大きくなってしまった幼児。

いつも何かを恐れているから、怖い夢を見る。

人格の再構成ができていない。再教育ができていない。

価値剝奪《はくだつ》に怯えていながらも、現実から退却しないのが、「逃げない勇気」である。

人は安全を求める気持ちと、成長を求める気持ちに引き裂かれている。

「防衛的な力と成長する傾向との根本的な矛盾は、人間の最も深い本性に埋め込まれている。それは今もまた未来永劫にそうである」[*3]

すべての人は、自分の中に二組の力を持っているという考えはフロムも同じである。

我々は人間性の理解が十分でないから、１００人が１００人平和を望みながら、人類の歴史は戦争の歴史なのである。１００人が１００人戦争反対でありながら、世界中で戦争が起きているのである。

戦争反対と叫んで、何か凄いことを叫んでいる気になっている人がいる。しかしそれは何も言っていないのと同じである。

「太陽が東から昇る！」と叫んでいるのと同じである。なぜならすべての人が戦争反対なのだから。

安全性の優位とは、成長欲求と退行欲求が葛藤して、退行欲求が勝つということである。

幸せは安全性の優位と矛盾する。

幸せになりたいという願望と、その人の隠された憎しみとは矛盾することが多い。

そして多くの場合、人は隠された憎しみに支配される。彼を背後から支配しているのは、彼の無意識である。

だから幸せにはなれない。

憎しみは自己疎外の原因

憎しみが自己疎外の原因である。

憎しみの感情が優先して、自己実現とか成長は後回しにされる。

憎しみの感情とか、深刻な劣等感は、その人の本来の感情を損なう。

幸せな人の共通点として、楽観主義、適切な目的、よい人間関係があげられる。この３つとも、自己疎外された人にはない。自己疎外された人には幸せな人の３つの共通点がない。


３つに共通するのは憎しみの感情である。

悲観主義は隠された憎しみである。

憎しみは、適切な目的の障害にもなるし、よい人間関係を妨害する。

憎しみの感情こそ、幸せの敵である。しかし憎しみの感情は、ある状況では人間の不可避的な感情である。

退行欲求が妨害されたときに人は、憎しみの感情に囚われる。

そして退行欲求が安全性の優位をもたらす。

人間は誰でも幸せを求めるが、人間性そのものの中に幸せを否定するものがある。先にも述べたように人間は幸せになれるようにプログラムされているわけではない。

　これが人間存在の矛盾である。人間が生まれながらに持っている矛盾である。原罪という考え方になぞらえて命名すれば、それは原矛盾と言ってもいいだろう。

　むしろ人生の課題とは、その原矛盾を解決することである。原矛盾とは自己の内なる矛盾である。

人生で大切なことは「深く情熱的に愛する」こと

　私はアメリカのある名言集を『名言は人生を拓く』というタイトルで訳し、解説を書いたことがある。

　その名言の一つに次のようなものがあった。

「深く情熱的に愛しなさい。傷つくこともあるかもしれないが、それが人生を精一杯生きる唯一の術だから[*4]」

　やはり人生で大切なことは深く情熱的に愛することであろう。今の若者は傷つくのが嫌だから深くかかわらないという。

しかし深くかかわらなければ恋愛はしょせん「愛されるゲーム」でしかなくなる。だから何かあるとすぐに別れる。そして何よりも恋愛がステレオタイプになる。そこで「愛している」という言葉が大切になったりするが、嘘がある。

退行欲求が満たされない人間にとって安全とは、人に認められ受け入れられることである。

人に嫌われないこと、人に軽蔑されないこと、拒絶されないことである。

安全とは、自分が今属している集団から追放されないこと、人間関係で孤立しないことである。人から評価され、愛されることである。

安全とは、保護されることであり、確実な人生を保証してもらうことである。

人はこれらが得られないことを恐れて成長できないで、幸せを願いつつ地獄の人生を送る。

逆にこれらが得られるとなれば、本来の自分自身を裏切る。そして自己喪失しかねない。ときには魂を差し出しかねない。人は安全を得るためなら魂を売ることがある。

人は安全を得ようと自分を見失う。

先にも言及した、死を前にして「やろうとしていたことの一つでもしていたら『俺の人生は』また変わっていたろう」という痛切な後悔の念を書き残した高齢者を思い出してほしい。

この高齢者は自分の人生において、常に成長をギブアップし安全を選択してきたのである。

体制が崩壊しないことを知って、反体制運動をする若者のようなものである。そのときは凄いことをしているつもりでも、大人になってふり返ると、虚しい青春でしかない。

また逆に権威主義的な親に言われるがままに従って、有名大学から有名企業に行く。

ビジネスパーソンになって自律神経失調症になり、はじめて有名企業が自分の心の病の治療に何の意味もないことを知る。

そして「あれだけ努力した私の青春は何だったのか？」と後悔する。

皆、内なる感情や思考は、安全性が優位するところまで後退していたことを、挫折してはじめて知る。

皆、安全性という土台の上で踊っていたのである。成長をギブアップして、安全を選択しておいて、悔いなき人生と言っても無理がある。

自分は無意識に「成長をギブアップして、安全を選択した」のである。その無意識を意識化することが先決である。

自分の内なる願望は、安全性が優位するところまで衰退している。次第に自分の内なる願望は、なくなりつつある。長年にわたって安全性の優位が維持されれば、最後には本当にしたいことがなくなる。

自分の願望を回復するためには、小さなことでもよいから、他人の願望に迎合してものごとを決断しないことである。

人生は安全と成長が闘う戦場

オーストリアの精神科医ベラン・ウルフが「人生の戦場」という言葉を使っているが、まさに人生は戦いである。

人は自分が、安全と成長が闘う戦場に生きていることに気がつかない。

戦場にいるのに、平和な島にいると思っているから、撃たれるのである。つまり不幸になるのである。

危険を恐れず生きよ。チャンスを摑め。[*5]

よく「自分に負けるな」とか、「自分自身が障害である」とかいう言葉を耳にする。私自身『自分に負けない生きかた』というタイトルの訳本を出している。

要するに「自分に負けるな」とは「自らの安全の必要性に負けるな」ということである。「安全よりも成長を選択せよ！」ということである。

先にも引用した、マズローの主張を再確認したい。

一般に安全を感じる子どものみが、あえて健康に成長へと進む。満たされないと、その安全への必要性は無意識の世界に永久に残る。そして無意識の領域から満たされることを求め続ける。背後から永久に満たされることを要求し続ける。[*6]

これが自己執着の強い人である。自己執着の強い人は、自分の無意識にある欲求不満に背後から支配されていることに気がついていない。

小さい頃満たされなかった安全への必要性が無意識の世界に残っている。退行欲求が、心の地下に埋められている。そしてそれは満たされることを常に求めている。

自己執着から抜け出すためには、このことに気がつかなければならない。

多くの人は理想の環境で育つのではない。親も人間だから理想の親というわけにはいかない。

中には神経症的傾向の強い親もいる。そうした親から生まれた人は、小さい頃から生きるのが地獄である。

この地獄の戦場を生き抜くことが成長することであり、幸せにつながることである。

もちろん戦いにひるむことはある。戦場を生き抜く勇気を失いそうになることもある。

それは苦しい。

しかしそれがアドラーの言う「苦しみは解放と救済に通じる」という意味である。

マズローの言うごとく、退行欲求は正常な欲求である。

甘えも正常である。自分を背後から支配している自分の無意識も正常である。

泣くということは退行である。子どもは退行を許すことで成長できる。

「後退することを認めてやらなければならない」[*7]

そのとおりである。自分を背後から支配している自分の無意識を認めてやらなければならない。

しかし中にはそれさえも許されない人間関係の中で育つ人もいる。親はそれを「認めてやらなければならない」のに、神経症的傾向の強い親は認めない。

そういう環境に生まれた人は、地獄の戦場で勝ち抜いていくことを決意するしかない。

人には成長欲求と退行欲求がある。

成長欲求にしたがって生きられるように退行欲求を満たしてあげる。これはいい意味での甘えを満たすことである。

フロムは「報酬としての愛」という言葉を使っているが、「愛」が親の側の操作であるときには、「甘え」は悪い意味を持つ。親が気に入ることをしたときに、子どもは愛される。それが「報酬としての愛」である。

しかし子どもが成長欲求に従って行動したときに、親は愛してあげる、誉めてあげる、それはいい意味で子どもの甘えを満たすことである。

励ますことは、成長欲求と退行欲求の両方を満たすときに、常に成功する。

ただ「頑張れ！」と言うのは、成長欲求だけだから、ときに逆効果をもたらすことがある。

相手からベストを引き出すために甘えさせるのが、指導である。選手とコーチ、親子関係、先生と生徒、上司と部下、友達同士、恋人同士、夫婦等々である。

ただ退行欲求を満たすこと、ただ我が儘《まま》どおりにすることは、愛でもなければ、励ましでもない。

しかし現実の世の中では、必ずしも「自分のベストを引き出す」ような指導者に出会えるわけではない。逆に自分のワーストを引き出す人たちに囲まれることもある。

人生の戦場で戦い、勝ち抜くとは、自分のベストを自分が引き出すことである。

逆境に強い人の特徴とは

生きることは誰にとっても試練の連続である。棺桶の蓋が閉まるまで試練は続く。

人生には不可避的な試練というのがある。それは退行欲求と闘うという試練である。

人間として生まれた以上、困難は不可避的なものである。試練を避けることはできない。

「戦いに勝ち抜く」とは自分の中の退行欲求を明確に意識し、それを克服しなければならないという意味である。まず敵を明確にすることである。

自分だけは困難を逃れたい、というのが神経症的要求である。

「私は特別」という考えである。

生きるのがあまりにも苦しい、厳しい、そこで「私を特別に救ってくれ」と言うのが神経症的要求である。

しかし人間として生まれてきた以上、困難は避けられない。試練は避けられない。

それを避けようとするから、もっと辛いことに追い込まれる。

しかし「苦しみは解放と救済に通じる」。

逆境に強い人の解釈の特徴についての研究がある。

それは困難を自らへの挑戦と受け取ることである。それが成長への願望を持っている人である。

成長するということは、困難に向き合っていく、困難に直面することである。現実から逃げないことである。

逆境に強い人は楽観主義である。悲観主義は退行欲求の隠れた表現である。幸せとは基本的に個性化の過程に成功することである。つまり個性化の過程で体験する孤独に負けて、自分を見失い不幸になる。

個性化の過程に成功するためには、不安に立ち向かう勇気が欠かせない。

そういう人には意識と無意識の乖離《かいり》がない、努力が報われる。つまり自己実現している。

個性化の過程に成功する人は、母性剥奪の体験がない。

従って真の勇気とは、母性剥奪を体験しながらも、なお最終的に成長欲求を選べることである。

小さい頃の依存心は、裏に敵意を含んでいないから、その関係は良好である。しかし自我が目覚めて、依存心を持ちながら自立への願望が出ると、依存心に敵意が伴う。そこから依存的敵意が始まる。

これが個別化の過程のスタートである。

そして個別化が進み自立が完成すると、再び関係は良好になる。

自我に目覚め、個別化の過程を歩むのは「苦しみ」である。しかしこの苦しみは解放と救済に通じる。

依存心から自立への願望を抑圧し従順であると、その場は心理的に楽である。

しかしその人生は解放と救済につながらない。

傷つけられることを恐れている人は多い。

失敗があなたを傷つけたのではない。失敗の体験を通して、あなたがあなたを傷つけただけである。

傷つく勇気を持てば、成長できる。そこで初めて「我が人生に悔いなし」と死んでいかれる。

成長することが人間の「唯一の正しい生き方」である。

成長には不安と混乱が伴う。傷つく恐れもある。しかしその恐れを乗り越えて、自分の潜在的能力を使う勇気を持つことである。

不安と混乱を覚悟することで、初めて自分の潜在的能力を使う喜びが体験できる。

そしてその喜びの体験があなたを救う。

悩みに殺されず「我が人生に悔いなし」と言って死ぬ

戦争で死ぬよりも、悩みで死ぬ人の方が多いという。戦争をやめて、悩むことをやめて、元気に長生きをして、天寿を全うして最後に「我が人生に悔いなし」と死んでいかれれば、それが人生最高の勝者であろう。

その人が人生の課題をすべて乗り越えて生きてきていれば、最後は笑って死んでいく。それが「我が人生に悔いなし」と笑って死んでいくことである。

人生はスタートで不公平だが、最後で公平になる。態度価値で人生は決まる。「我が人生に悔いなし」、と思って死ぬために今をどう生き、どう考えたらいいのか、それをまず探りたい。

人は安心感を求めながらも、歳をとると寂しいから騙《だま》される。

ある高齢者が死を前にして考えた。「自分がかくも悶え苦しんでいるのはなぜか？」と自らに問うた。そしてその原因を次のように書いた。

「自分にお世辞を言ってチヤホヤしてくれた人が最大の悪だった。

自分に気持ちのいいことをしてくれる人が悪だった。

その人たちが自分の心を破壊した。

何も害悪を与えない人、チヤホヤしてくれないだけの人を敵にしてしまった。

自分のことを考えてくれた人をあざ笑った。

自分が『けしからん！』と責めた人の方が、実は自分を守っていてくれた人だったのだ。

でも、そう気がついたときには遅すぎた」


彼は最後に「もう、どうにもならない」と書いた。そして晩年自分の周りにいる人たちを「皆、殺したい」と呻《うめ》きながら死んでいった。

恐ろしい女性は、初めはやさしい姿で現れる。自分を殺しに来る女性は、初めはやさしい姿で現れる。「はまって」から気がついたら、もうどうにもならない。

人は誰でも意識的には、「幸せになりたい」と思っている。

しかし無意識では不幸を選んでいることが多い。

アルコール依存症で暴力を振るう夫とは別れた方がいいと意識では思っている。しかし意識ではそう思っても、別れた後の不安から、実際には離婚をしない。

人は、不満と不安の選択で不満を選ぶ。今の夫に不満でも、離婚して一人になることに不安である。そこで今の夫に不満でも、離婚しない。

右に行くと幸福、左に行くと劣等感が癒されるという分かれ道で、人は左に行く。

幸福と劣等感の癒しの選択で、人は幸福を捨てる。

世の中には「死んでも不幸を手放しません」と言う人がたくさんいる。それは強い退行欲求である。

人は不安を避けたい。

そこで命がけで不幸にしがみつく。

だから「死んでも不幸を手放しません」という態度にならざるを得ない。

それは不安よりも不幸を選ぶ方が心理的に楽だからである。

神経症的傾向のある人の中には、「死んでも不幸を手放しません」と言う人が多い。

そしてそのことを合理化する。「あの人は私が助けなければ、生きていかれません」

と、離婚しない自分を正当化する。

ある真理を見たくない、感じたくないという欲求は、神経症的傾向のある人すべてに見られるという。

悩んでいる人は、心の中で「助けて！」と叫んでいる。そして子どもと同じように、助けを求めると同時に攻撃性を表している。

赤ん坊は「お腹が空いた、水を飲みたい、怖い」といったときに泣いて助けを求める。社会的に示されたサインである。

自分が不自然なことをしているときには助けを求めている。亀がうさぎのまねをして速く走ろうとしているようなときである。

困ったときに誰かが助けてくれるという安心感がある人もいる。誰も助けてくれないと思っている人もいる。

不安は、助けを求めることとして機能する。

不安な人は、何の心配もせずにそこにいてよいという居場所がない。

意識では、皆「幸せになりたい」と思っている。しかし無意識では「不幸にしがみつく」ことも多い。

幸せと不幸の分かれ道で、幸せへの道を妨害するのは、その人の無意識である。

その力は、その人の背後から気がつかないままに襲ってくる。人は、自分を背後から支配している無意識の力に気がついていない。

人間を動かす無意識の不幸願望の怖さ

我々人間を動かしているのは、意識的な願望ではない。我々を動かしているのは、我々の無意識であり、それは我々の背後から我々を支配している。

我々人間を動かしているのは、幸せになりたいという意識的な願望ではない。我々を動かしているのは、我々の無意識の不幸願望であり、それは我々の背後から我々を支配している。

ある本[*8]にジェイという麻薬依存症患者の話が出ている。

彼は母親といるとき、なぜだかわけがわからず不快であった。なんとなく不愉快なのである。自分の人生はうまくいかない。彼は自殺未遂をしている。このような環境の中で彼は麻薬を始めた。

麻薬依存症患者を治療するための病院に入院した。その治療が終わってから退院したときのことである。

彼はもしニューヨークの母親のところに行けば、同じことが起きると恐れた。

それ故に彼は病院を出るときに、カリフォルニアの父親のところへ行くことを望んだ。

そして意識的には父親のところに行くことに決めていた。飛行機も予約した。病院を出る3週間前に母親にはそのように手紙を書いた。

父親はカリフォルニアに、母親はニューヨークにいたのである。

しかし彼は飛行機に乗ってみると、それはニューヨーク行きの飛行機であった。結局彼はカリフォルニアにいる父親のところに行くプランを破棄した。彼は意識的にはよい判断をしていたにもかかわらず、ニューヨークの母親のところに行ってしまった。

ジェイを背後から支配しているのは、ジェイの無意識である。ジェイが気がついていないだけの話である。

ジェイはニューヨークの母親のところに帰ったが、母親はボーイフレンドと住んでいて彼の部屋はなかった。そして彼は祖母のところに住む。

やがて母親がボーイフレンドとうまくいかなくなって彼は母親のところに戻る。退屈し、不幸であり、再び薬に戻ってしまった。

これといって特別な理由はない。あるのは、母親と息子のナルシスティックな束縛関係である。

自分を無条件にかばってくれるもの、自分と第一次的につながっているもの、そうしたものから離れることは辛くてできない。しかしつながっていることもまた不快になってくる。

Hypersensitiveness（過敏症）とは、この不満の口実を見つけているに過ぎない。

本当の原因は意識と無意識の乖離である。

彼は意識ではカリフォルニアにいる父親のところへ行くつもりでいる。意識的にはそう決めていた。そして飛行機を予約して病院を出た。

しかし実際に飛行機に乗ってみると、ニューヨーク行きの飛行機だった。彼は意識では母親のところへ戻ることになっていなかった。

しかも彼は母親のところに行くことは不愉快であった。母親が好きでどうしても他に行けないというのではない。母親のいるところが楽しくて、母親のところに帰りたいというのではない。

母親が好きでどうしても他に行けないというのなら、常識で考えても理解できる。しかし不愉快なのに、そこにしか「行けない」というのが常識では理解できない。でもそれが人間の心である。

母親と息子のナルシシスティックな束縛関係というのが、彼の無意識の必要性であった。

彼を背後から支配しているのは、ナルシシスティックな束縛関係という無意識の必要性である。

障害には客観的な外側の障害と、内側の無意識からくる憎しみによる心の障害の2つがある。

心の障害は目に見えないから、多くの人は無意識の障害はないものとみなしてしまう。

例えばこの麻薬依存症の人が、父親のところに行く飛行機代がなかったとする。

無意識の必要性は無視される。そして飛行機代がなかったから父親のところに行かなかったと言うだろう。

無気力は決して悟りではない

人間の心には不幸願望と幸せ願望とがある。そして人は癌検診をするが、不幸願望検診をしない。

不幸願望は心の癌である。人は肉体的な癌の早期発見を盛んに勧めるが、心の癌には無関心である。

しかし不幸願望はほうっておくと肉体的な癌と同じで、取り返しがつかないことになる。

人間の心は幸せになる傾向と、不幸になる傾向とがあるということには無関心である。肉体的な傾向については異常なほど気を使うが、心理的な傾向には無関心である。

心理的な癌が全身に転移すると、悲観主義の考え方、悪い人間関係、不適切な目的などに苦しめられる。カルト集団に入った人の心理状態である。

現実逃避には2種類ある。

一つは現実の行動を伴う。劣等感などに苦しむ人が、優越感を持とうと頑張ることである。行動の動機は復讐心であるが、とにかく現実の行動を伴っている。

社会的に成功する場合もあれば、失敗する場合もある。いずれにしろ劣等感の深刻化をもたらすだけである。

もう一つは解釈による逃げである。

例えば無気力を「悟り」と合理化する。

無気力を合理化することの恐ろしさは想像を超えるものである。

自分の無気力を、独りよがりな哲学で「これが素晴らしい人生である」と合理化する。

自分の人生を「素晴らしい人生である」と言い張る。この種の現実逃避も最後はデッドエンドになる。

怒りと憎しみを抑圧し、結果として無気力になり、それを「悟り」と合理化した人がいる。

しかしその人の最後の言葉は、「女をみんな殺したい」であった。「我が人生に悔いなし」の反対の、「我が人生に悔い以外には何もなし」であった。

他者に対する積極的な感情の完全な喪失でもある。

「我が人生に悔い以外には何もなし」と書いた人の文章が以下である。

人生の不条理は生と死に始まる。
はきだす『いき』とすいこむ『いき』ということである。すいこむことがなければ、はきだすことはない。
始めがなければ終もないが〈無始無終〉生きるとは不条理ということである。

現実はどう足掻《あが》いても「酸っぱいレモン」であるにもかかわらず、現実を「甘いレモン」と思い込んでいる。

この人は、両足がない弟と違って足がある。「私は幸せなはずだ」と自分に言い聞かせている。

彼がどうしても認めないのは、自分が人生の敗者だという絶望感である。

人生の戦場から退却してしまった。そして生きる意味を失ってしまった。

そこで「ああだ、こうだ」といって「他人と比べて私は幸せ」と思い込もうとしている。

いつも他人と張り合って、虚勢を張り続ける。

要するに「私は人生の敗者だ」と認めることができないために、「所詮、人生とはこんなもの」と自分に言い聞かせている。

第二の人生を始めるためには、第一の人生をしっかりと総括しなければならない。

もしこの人のように人生の戦場から退却してしまい、生きる意味を失ってしまったのなら、まずそれを認めることである。

そこから第二の人生が始まる。

戦争で死ぬよりも、悩みで死ぬ人の方が多いという。
人生はスタートで不公平だが、最後で公平になる。
態度価値で人生は決まる。

なぜこんなに虚しいのか?

この人は、一人で悩んで一人で疲れている。さらに次のように書いている。


腹をたてるから腹がたつ。

怒っているから怒っている。笑っていれば笑っている。生きているから生きている。死んでしまえば死んでいる。あたりまえだよ。あたりまえ。

今日は今日で、昨日は昨日。明日は明日の風がふく。

すんだことはすんだこと。くよくよすればくよくよする。

私は、毎日『おてんとう様今日は』といいます。お元気ですね。

『お星様今晩は』今夜も綺麗ですね。

おてんとうさま今日は。

お天とうさま『今日は』、今日も一日元気よく、あなたと一緒に暮らしましょ。

なぜそう言って生きているか？
それは寂しいからである。
「私は寂しい」と本当の自分の気持ちに気がつき、その淋しさを認めれば、先はひらけるのに。

てくてく歩きの山のぼり。山のてっぺん何がある。何にもなくてもかまわない。空をみあげて、にこにこ笑って、お天とうさま『今日は』

ゆらゆらゆれる波の上、波の上には何がある。何にもなくてもかまわない。海をながめて、にこにこ笑って　お天とうさま『今日は』

これも高齢者のどうしようもない虚無感と寂しさである。この人には、心の底から頼れる人がいない。心の支えとなる友人がいない。信じられる人がいない。信じられるものがない。家族も好きになれない。

何かを求めても、何も得られない。どうしても求めるものが得られない。

自分は「何を求めているのだろう？」と考えればよかった。

「どこか自分と人とは違っているのだろうか？」と考えればよかった。外側は人と自分とは違っていない。社会的、経済的には恵まれている。

それなのに「人と違ってなぜ自分はこんなに虚しいのだろう？」と考えればよかった。

そこで「自分の何がおかしいのか？」と考えれば「自分は外側の環境がおかしいのではない、自分の心がおかしいのだ」と認めざるを得ない。

そのプロセスを踏めば、先はひらけたのに、「得られないこと」を、「これでいいのだ」としてしまった。

虚無感までも、「これでいいのだ」としてしまった。

そして絶望感からサディストになるしかなかった。もちろんサディストであることを抑圧する。

子どもを苛めた。子どもを虐待するしか生きる道はなかった。

もちろん虐待を「愛している」と合理化した。

そして最後に死んでいくときには、妻と娘を含めて「女をみんな殺したい」と書いた。

「てくてく歩きの山のぼり。山のてっぺん何がある。何にもなくてもかまわない」

「山のてっぺん何があるのだろう？」と求めて、山のてっぺんに登ったのである。しかしそこには何もない。

何もないのは、山のてっぺんではなく、自分の心なのだと気がつけば、これ以上は苦しまなくて道はひらけた。

そして自分が自分として生きてこなかった過去が、浮かび上がってきたに違いない。

「これが私だ！」というものに出会って生きていない自分に気がついたに違いない。

山が好きな人なら、山のてっぺんで達成感がある。心は満足する。もし仲間と一緒に登ったら達成感を共有する。そういう経験の繰り返しの中で、世界に対する共通の感覚が生じる。

「何にもなくてもかまわない」とは言わない。

しかしこの人は山が好きではない。人を信じていない。自分を信じていない。人との共通の体験がない。その結果、世界に対する共通の感覚が生じてこない。

こうしたことの結果、何よりも重要なことは、この人の中に、自分の生きるエネルギーが湧いてこないということである。

山に登っても、自分の中の何かに火がつかない。

「へんだなあ」と思いながらも、流されていると、それが当たり前になってしまう。

話に具体性がないときにはその意味を考える

「今に生きるという生き方も駄目、理想に生きるという生き方も駄目。

自分の条件にかなった目的をもって生きることが健康な人間の生きかたである」

社会の中で生きてこなかった人の言い訳である。とにかく言うことがすべて自分に言い聞かせている。

人との関係がない。共同体感情がない。「私はこれをしたい」がない。

この人は「自分の条件にかなった目的をもって生きる」と言いながらも、肝心の自分の目的を持てない。

この人は、自分を信じていないから、何も信じていないから、自分の殻を粉砕する斧《おの》がない。

この人は抽象的に目的について語る。しかし「私はこういう目的を持っている」、あるいは「こういう目的を持ちたい」ということが出てこない。

私は新聞記者になりたい、私は教員になりたい、私は看護師になりたい、私は中小企業を立ち上げたい、私は平凡なサラリーマンになりたい等々という具体的な話が出てこない。自分を自己限定できない。

カレン・ホルナイは「具体的でない漠然としたことを言ったときには、そこに何の意味があるのか？　を考える」と最終講義で述べている[*9]。

この言葉は長く患者と接してきた精神科医としての感想であろう。

私もラジオのテレフォン人生相談を半世紀以上担当してきて、同じことを感じている。

相談者の話が漠然としていて、何を言っているのかわからないことがよくある。話が抽象的なときには、「この人の具体性のない話は何を意味しているか？」と私は考える。

そういうときには、相談者は自分の個人的なこと、主観的なこと、具体的なことを一般的、抽象的なことにすり替えている。

カレン・ホルナイはまた、「患者は色々な障害をあげるが、しかししばしば患者の言う障害よりも、inner obstacles（内部の障害）の方が重要である」と述べている。

半世紀以上にわたって悩んでいる人と接してきて、これも賛成である。

同じことはセリグマンも言っている。あるセリグマンの著作[*10]によると、多くの学生が抑うつ感を訴えてセリグマンのところに来る。人生は意味がない、ベトナム戦争、黒人と貧民が虐げられているとか、彼らは言う。

しかし「実際の抑うつ的気分は、はたしてこれらの個々の事柄で直接におきたことなのだろうか[*11]」とセリグマンは疑問を投げかける。

「彼らがもっとより身近なことの何かについてよくない気持ちをもっており、自分自身とその能力、また日々の生活について芳しい気持ちをもっていないということを意味しているのだと思える。このような実存的な抑うつ感が今日でははびこっている[*12]」

自分に失望しているときに、「私は今の世界に失望している」と言う。

具体的でない漠然としたことを言ったときには、「そこに何の意味があるのか？」を考えることが重要である。この言葉の裏に何が隠されているか？

このことは他人を見るときだけでなく、自分のことを考えるときにも大切なことである。

自分が本当に悩んでいることは何か？

本当に悩んでいるのは抽象的なこと、一般的なことではないことが多い。

これが他人を理解するときも、自分を理解するときも助けになる。

「実際の自分」と理想の自我像の違いを理解するときの助けになる。

自己防衛が強いと、理想の自我像と「実際の自分」を同じものと錯覚する。

「こだわりを捨てたら素直になった。余計なものを見ないことにしたら本当のものが見えてきた」

何も見えないのに「本当のものが見えてきた」と言い張った。

先の「女をみんな殺したい」と言った人も「こだわりを捨てたかった」「素直になりたかった」、でもなれなかった。

自分は素直だと頑固になっていた。

恐ろしいのは神経症的自尊心である。

この人は「私は凄い」という自己イメージに固執した。

この自己イメージに固執しなければ、最後に「女をみんな殺したい」と言わなくてもすんだ。

あなたは悪魔の餌食になるな

現実否認の終点は、絶望感とサディズムである。

無気力の合理化である。つまりこの人は不安なのである。しかし「不安の消極的回避」をした。

人間は人のためにつくすと満足感をもつ。この満足感が人格を高める。

この人は、弟には両足がない、両足がないと騒ぎながら、一度も弟が入所している施設にお見舞いに行かなかった。「弟の望むことは何か？」ということを一度も考えなかった。

弟には、自分の両親の墓に入れてもらいたいという最後の願いがあった。それを聞くことさえしなかった。

問題点を探ってみると、この人は理屈で説得しても意欲に点火しない。意欲（大いにやるぞ）は感情によってもたらされる。

誉められると嬉しさが意欲を駆り立てる。高齢者になっても心理的にはまだ幼児。

シーベリーの言う「不幸を受け入れる」ことをしない。

だからすることが見えてこない。

怒っているときはおろかなことを考えるもので、怒りに駆られているときは当然であると思われたことも、冷静になると真に自分のおろかさを感じる。

怒りは怒るまいとの意志の力ではなかなかおさまらないものだが、知の力で案外容易に克服できることだ。

「こんなことぐらいで怒るとは」と知の力を働かせ大きな心になることである。怒りを笑いとユーモアで表現できれば人間的に健康である。

欲なければ一切足り、「求むる」あれば万事窮す。

欲の根源は依存心である。自分一人では生きられないから、どうしても「こうして欲しい、ああして欲しい」という他人に対しての要求が出る。

余計なことは考えない。

そのとおりであるが、余計なことを考えまいとしても余計なことを考える。それは不安だからである。それは依存心があるからである。

余計なことを考えるのは無意識の必要性だから、余計なことを考えまいと１００年頑張っても余計なことを考える。

この無意識の意識化こそが、先をひらく。

「ああしなければ、こうしなければと考えることは余計なことだ。考え過ぎると現在の自分を失って、現実味のない自分を築きあげ、それが頭の中でつくられた自分であるので現実との適応がなくやがてはうつ病的思考になる。

ああしなければ、こうしなければなどと余計なことを考えないことが……。それがノイローゼの原因になる」

この人の言うことは、自分に言い聞かせていることばかり。

本当にしたいことがなかったから。

「ああしなければ、こうしなければなどと余計なことを考えない」と言いながら、こういう人は余計なことを考えないではいられない。

悪魔が好きな餌は、「辛いー、辛いー」と騒いでいるだけで、治そうとしない人である。

心理的に病んでいる人は、

「その辛さ、わかるー」

と言ってくれる人を待っている。

そして悪魔の餌食になる。

「苦しみは解放と救済に通じる」というのは、自分が自分を治す努力をしている人に当てはまる言葉である。

*1 Abraham H. Maslow, Toward a Psychology of Being, D. Van Nostrand, 1962. 上田吉一訳、『完全なる人間』、誠信書房、１９６４、57頁

*2 前掲書、58頁

*3 Abraham H. Maslow, Toward a Psychology of Being, D. Van Nostrand, 1962, p.55.

*4 H. Jackson Brown, Life's Little Instruction Book Vol.2, Rutledge Hill Press, 1993. 加藤諦三訳、『名言は人生を拓く　生き方上手になる「５１７の教え」』、講談社、１９９４、10頁

*5 Beran Wolfe, Calm Your Nerves, Garden City Publishing, 1933, p.225.

*6 Abraham H. Maslow, Toward a Psychology of Being, D. Van Nostrand, 1962, p.58.

*7 Ibid., p.84.

*8 Chein, Gerard, Lee, Rosenfeld, The Road to H, Basic Books, 1964, pp.212-213.

*9 Karen Horney, Edited by Douglas H. Ingram, Final Lectures, W. W. Norton & Company, 1987, p.48.

*10 Martin E. P. Seligman, Helplessness, W. H. Freeman and Company, 1975. 平井久、木村駿監訳、『うつ病の行動学』、誠信書房、１９８５、62頁

*11 前掲書、94頁

*12 前掲書、94頁

第五部　心も身体も健康に生きるために

私は毎日歩いています、

でも結局のところ、

私が健康なのは悩まないおかげです

――１００歳の誕生日を迎えたアメリカのおばあちゃん

身体の不調は心の不調からくるものもある

歳をとると、身体の「あっちが痛い、こっちが痛い」という不調を訴える人が多い。さらに原因不明の身体の不調に苦しむ人も多くなる。

アメリカには、「心と身体」の関係について研究した論文が、気が遠くなるほどたくさんある。その中に“Mind Body Medicine”という本があり、その13章に肉体的な原因がないのに、肉体的症状が現れるレノーアという54歳の女性の症例が出てくる。[*1]

看護師レノーアは、別居していた夫が自殺して以来、頭痛に悩まされ続け、仕事も辞めざるを得なくなった。

あまりに痛みがひどくて、くたくたに疲れたとき以外は眠れない。眠れたとしても、15分もすると痛みのために目が覚めてしまう。

レノーアはこの苦痛から逃れたい一心で、どこかに治してくれる医者はいないかと毎日探しまわった。ときには1日に2人の医者を訪れることもあった。

いろいろな病気が慢性的な頭痛の原因として疑われるため、医者を替えるたびに数多くの検査を受けなくてはならなかった。とりたてて悪いところも見つからず、彼女は別の医者をみつけ、また同じ検査を繰り返した。3か所のペイン・クリニックでさまざまな薬を処方してもらったが、効果はなかった。

日本でも、ドクターショッピングという言葉を聞くようになった。

どこの医院に行っても適切な治療をしてもらえない。というよりも医者自身が、患者の言わんとすることを理解していないので、患者は絶望するだけで、次から次へと医者を替えていく。

何人もの医者に診てもらっても、レノーアの頭痛は治らなかった。

ドクターショッピングをする患者は、苦しい気持ちを誰にも理解されない。というのも、頭痛の原因は肉体的なものではないからだ。レノーアのような患者は、メンタルヘルスの専門家には身体症状の持ち主（somatizer）として知られている。

彼らの病気は、本人が気づいていない心の葛藤が身体的な症状として表れたものだ。

日本ではsomatizerという言葉さえ知らない医者がいる。

身体症状の持ち主はストレスがあることを、心理的な問題ではなく身体的な症状に置き換える。

しかし身体症状を示す患者の問題はそれとは異なっている。なぜなら、彼らの症状の原因は心理的なものだからだ。

辛い原因が何であれ、とにかく毎日辛いのは辛い。身体症状の持ち主は感情的なストレスに直接対処せず、身体を治療しようとして長期にわたって医者から医者へと渡り歩く。

３年後、レノーアは心理治療によって頭痛の原因であった心の問題に取り組むことができ、救いを見いだした。

彼女は、アルコール依存症の男性と結婚して、30年間夫の暴力に耐えてきた。ついに夫と別居したとき、夫はよりを戻さなければ自殺すると脅しをかけてきた。彼女はそれを拒絶した。夫は復縁を迫ったが聞き入れられず、銃で頭を撃って自殺した。

彼女を執拗《しつよう》な頭痛が襲ったのは、その直後だった。心理治療によって、彼女は頭痛が罪悪感の身体的な表明であることに気づいた。なぜなら、彼女は夫を殺したのは自分だと誤解していたからだ。

セラピストは、夫が死んだのはレノーアの責任ではないと言って、彼女を安心させようとしたが、頭痛はひどくなる一方だった。

最後にセラピストは一見矛盾しているように思える方法を試した。レノーアに「あなたが夫を殺したのはまちがいない。それならば、何年先までその頭痛で罰を受けるべきか、うちで考えてきなさい」と申し渡した。

その問題を考えているうちに、レノーアには自分がなぜ夫を捨てたのか、その本当の理由がはっきり見えてきた。長年にわたって夫が暴力をふるい、浮気を続けたからだ。治療を続けるに従って、彼女の頭痛は軽くなり、ついに症状は完全に消えた。彼女は仕事に復帰し、独身生活の自由を楽しむようになった。

ドクターショッピングをする人は、誰にも理解してもらえない苦しみに悲鳴を上げている。医者から「肉体的に原因がない」と言われても、毎日辛いのは辛い。この不快な気持ちを理解してくれる医者はいない。

インポテンツを克服する

身体症状が生じるとき、どういった症状が出るかには多くの要因が影響する。患者は仮病を使っているのではない。その動機となるものに患者自身は気づいていないからだ。いくつかのケースでは、ある特定の病気が患者の苦しい胸の内を最もよく象徴するために選ばれる。例えば、失恋した人に実際には罹患《りかん》していない軽い心臓病の症状が出るといった場合である。

実際にその病気にかかっていなくても、その病気の症状が出る。

その動機となるものに患者自身は気づいていない。

不安から、その身体的症状が出る。

くよくよ悩む。

当たり前のことであるが、その症状が出ても医学的には治療できない。それは、原因は肉体的なことにあるのではなく、心にあるからである。

その同じ論文にロンという人の症例が載っている。[*2]

48歳で既婚の彼は、ひと月に何度かまちがいなく心臓発作が起こっていると思うようになった。実際、ロンはストレス性の換気亢進《こうしん》（過呼吸）で苦しんでいた。

そもそもの問題は心臓ではなく、ロンの家庭生活にあった。彼は数年来インポテンツで、彼の妻は浮気をしていた。ロンはわざとその事実を無視し否定していた。しかし、妻の情事のちょっとした証拠が目に触れるたびに、彼は換気亢進の症状を起こし、医者に駆け込んで、それによって妻の不貞のことは忘れることにしていた。

ロンのかかりつけの医者はいつも忍耐強く診察をし、彼を安心させるために心電図をとってくれた。心電図やその他の検査の結果は異常なく、事実彼はほっとしたものだ。もっとも、それは彼が妻の浮気を否定するために、無意識のうちにまたその発作を必要とするまでの間だけだったが。1年2か月の間に彼は90回以上心電図をとり、結果はすべて異常なしだった。

ロンの医者は繊細で親切なタイプで、ロンを安心させてやるのはいいことだと思っていた。しかし、心理学者や精神科医などの専門家なら誰もが、繰り返し心電図をとることは、自分は心臓が悪いというロンの思い込みを強化するだけだという結論に達しただろう。

検査の結果は「異常なし」だったけれども、心臓の検査をするというプロセスそのものが、自分は病気であるという彼の考えを強化したのだ。

しかし、事情が変わった。ロンの雇い主が、1回の診療ごとに報酬が支払われる従来のタイプの健康保険から健康医療団体方式の制度へ乗り換えたのだ。

ロンが新しい医者に心電図をとってくれるように頼むと、その医者は前任者の所見を読んで、「その必要はない、君のは体の病気じゃない」と答えた。そして、ロンに心理治療を受けてみるように勧めた。最初ロンはそれを断り、別の医者を探したが、結局、3人の医者からそれぞれ心理治療を勧められ、彼はしぶしぶ承知した。

最初のセッションが始まったとき、ロンは心臓が悪いという自分の考えを否定されるのではないかと思い、相手の女性セラピストを警戒していた。しかし、彼女はそう言わなかった。ロンはほっとして、自分のインポテンツのことを話し始めた。それから、ひょっとしたら妻が浮気をしているかもしれないと恐る恐る打ち明けた。結婚生活に関する悩みが〝心臓の不調〟の原因であることに、まもなくロンは気づいた。2回目のセッションの後に換気亢進の発作が起こったが、これが最後だった。

その後さらに何度もセッションを重ね、彼は男としての自尊心の低さの象徴であるインポテンツを克服することができた。

すでに起きてしまったことも、
これから起きるかもしれないことも悩まない。

心理治療の効果を示す証拠

ロンの例からもわかるように、従来の医療がうっかり患者の身体化を助長することもある。医者はただ学校で習ったとおりにやっているだけだ。つまり、あくまで患者の症状にぴったり合う身体的な原因を見つけだそうとしているだけだ。

しかしそれが徒労に終わったとき、医療ではなく心理学がしばしばその悪循環を断ち切ってくれる。

１９７９年、アメリカの連邦アルコール・薬物依存症及び精神保健局（ＡＤＡＭＨＡ）は心理治療と身体症状の問題について調査した28の研究をまとめたものを発表した。私たちはその20年も前から、カイザー・パーマネンテ（健康維持機構）でこの問題について研究を始めていたのだが、それらの研究の結果はいずれも、心理治療を受けることによって、身体症状を示す患者が医療機関を利用する回数が減り、それによって、心理治療にかかる費用を通常は十分に――しばしば十二分に――支払うことができる、というものだった。

翌年、ＡＤＡＭＨＡはこの分野の主要な研究者を集めて会議を開いた。そこで出た結論は、実際の身体的疾患がなく、ストレス性の症状に苦しむ患者が医療制度にとって大きな負担となっている。しかし患者たちは心理治療を受けることによって、不必要な苦しみを取り除くことができる、というものだった。

これまでに、さまざまな医療環境や地域で生活するこの種の患者について調査した研究は多くある。その結果はいずれも同じで、心理治療には患者のストレスとストレス性のさまざまな身体症状を緩和し、受診回数を減らす効果があることがわかっている。

以前、私たちのグループでハワイ州のメディケイド（低所得者や身体障害者のための公的医療扶助制度）受給者で、受診回数が非常に多い者について調査を行った。かかった医療費の点から見ると、彼らはメディケイド受給者の上位15パーセントを占めるにすぎないが、その合計額は、メディケイドによって支払われた全医療費のまるまる80パーセントに当たった。皆が皆そうとは言わないが、これらの人々の多くが身体症状を示す患者のように思われた。

研究のために、これらの患者の3分の2に対して無料で短時間の心理治療を行った。対照グループである残りの3分の1には行わなかった。これで、短時間でも治療を受けた患者は受診回数、入院日数、救急処置室に運び込まれる回数、診断のための検査の数、処方される薬の量、全体的な医療費のいずれもが大幅に減少するという結果が出た。例えば心理治療の後では、長期間のメディケイド受給者の医療費は平均しておよそ10ないし20パーセント減少した。

心理治療はどうやって効果を上げるのか

一体どのようにして、心理治療は患者の虚しい医者巡りの悪循環を断ち切るのだろうか?

逃れられないように見える心の痛みよりは身体の痛みの方がまし、と思うのは私たち人間の特徴である。心理治療の目指すところは、ストレスの身体症状への置き換えに取って代わる手法を患者にみつけさせ、最終的には身体症状を引き起こす心の問題を解決させることにある。

身体症状の全部が全部、レノーアやロンの場合のようにドラマティックであったり問題が複雑だったりするわけではない。ほとんどの場合、数回のカウンセリングで反応が現れ、集中的な治療の必要はないだろう。ビルの例はその典型である。

ビルは20年間ある小さな会社の経理部長を務めてきた。社長とは肝胆相照らす仲で、家族ぐるみでいっしょに休暇を過ごすことも多かった。ビルが50代も終わりにさしかかった頃、社長が引退して、その息子が会社を引き継いだ。

この息子はすぐに、経理部門のコンピュータ化に着手した。ビルと同世代の男性の多くがそうであるように、ビルもまた、自分にはコンピュータは絶対理解できないと思い込んでいた。これが発端となってビルの不安は膨れ上がっていった。コンピュータが怖いがために、自分はクビだ、再就職先だってみつからないにちがいないと思った。引退するには若すぎるし、新しい仕事を探すには歳をとりすぎている。進退窮まった気分だった。

ビルはかかりつけの医者を何度も訪れ、やる気が出ない、仕事に興味が持てない、食欲がなくなったと訴えるようになった。また、夜は眠れず、たとえ眠れたとしても1時間もしないうちに目が覚め、その後は朝までまんじりともせずに過ごした。

ビルはうつ病の症状の多く——仕事によるストレスの直接の結果——を示していたが、

医者はそれに気づかなかった（軽いうつ病が見過ごされることはよくある）。原因らしき病気がみつからないと、この医者は年寄り向けの少々恩着せがましい口調で、ビルを安心させるべくこう言った。

「昔ほど若くはないんですからね。もっとのんびりなさい。2、3日休暇を取って、それでもよくならないようなら、またいらっしゃい」

ビルは何度か再発を繰り返し、そのたびに同じセリフで慰められた。それに対して、あるときビルは医者の言葉を遮《さえぎ》って言ってみた。

「ねえ先生、私はこの度就任した若い上役のせいでひどい目に遭ってるんですよ」

しかし、待ち合い室は患者でいっぱいの状態で、医者はビルの話に耳を傾ける時間がなかった。後日再び診察を受けたとき、ビルはもう一度、新しい上司のことで気持ちがいらだっていると訴えた。精神安定剤が処方され、おかげで少しは眠れるようになったが、根本的な問題の解決にはならなかった。

11回目の診察に訪れたとき、ビルは腰の痛みを訴えた。今度はストレスを身体症状に置き換えたのだ。今回は整形外科へ行くように勧められ、そこで、どこも悪いところはないから心理治療を受けるように言われた。ビルは自分の問題は身体的なものだと信じていたため、怒りと屈辱を感じたが、医者の言葉に従わなかったら、もうどの医者も相手にしてくれないかもしれないと思い、心理治療を受けた。

セッションはほんの2、3回だったが、セラピストは症状を引き起こしているビルのストレスにきちんと目を向けてくれた。セラピストの強い勧めに従って、ビルはコンピュータの短期講習を受講した。そして、自分にもちゃんと理解できることに気づいてびっくりした。まもなくビルは仕事に復帰し、もっと徹底的なコンピュータの訓練を受け始めた。そしてうつ病も腰痛も消えてなくなった。

身体症状を示す患者はどの年齢にもいるが、医者通いを減らすための心理療法が年配の患者に特に効果を発揮することが、調査の結果からわかっている。

医者が年配の患者の愚痴をろくに聞いていないことはよくある。どう返事をしていいのやら、と内心びくびくしているのかもしれない。しかし、非常に短期間の心理治療でも老化に伴う痛みや苦しみを大幅に軽減できることが、研究によって示されている。

例えば、うまくいったこのような例もある。72歳のセアラは夫を亡くした後、フロリダで老後の生活を送っていた。彼女はあっちが痛い、こっちが悪いと訴えて何度も病院へ行くのだが、医者は歳のせいだと言うばかりだった。しかも検査の結果、彼女は、70代はもちろんのこと、どの年代の女性と比べても引けを取らないほどすこぶる健康であることがわかった。セアラの担当医は、彼女の執拗な訴えや自分が価値のない人間で孤独だという思いにどう応えていいのかわからなかった。医者はやけくそでセアラに精神安定剤を処方した。

この薬のせいでセアラは頭がぼんやりし、見当識を失い（老人にはよく起こる副作用だ）、結果心理検査を受けるように勧められた。セラピストが精神安定剤をやめさせると、すぐに彼女の混乱状態は収まった。しかし検査の間に、セアラが孤独であること、どこそこの具合が悪いという彼女の訴えは、自分は役立たずで必要とされない人間だという思い込みから発していることにセラピストは気づいた。

そして、セアラの話に耳を傾けているとき、何か役に立つことをしたいが、すぐにみつかる仕事といえば、近所のファストフード店しかないというセアラの言葉を耳にした。この仕事はセアラや彼女の未亡人仲間が属する社会経済的な階層からすると、はるかにレベルの低い仕事だったし、セアラはそんな仕事に就いて、仲間からばかにされるのを恐れていた。

セラピストはセアラのメッセージを聞き、仕事をしたいという彼女を励ました。セアラが友人たちの目を気にせず、勇気を出してファストフード店で仕事をするように力を貸した。この職場で、セアラは自分が役に立つ人間であるともう一度実感することができた。若い職場の仲間たちはセアラに力を与えてくれたし、彼女を〝イカすおばあちゃん〟と呼んで、とても仲よくしてくれた。

数か月後、セアラのかかりつけの医者は長いことセアラから音沙汰がないことに気づいて、気にしはじめた。最悪の場合を心配して、彼は看護師にセアラの様子を見てくるように言った。看護師の報告は、セアラは元気で痛みはまったくないようです、というものだった。それどころか、セアラは大いに楽しくやっていたのだ。[*3]

「自分は役に立っている」という感覚

近年の研究の成果から、どのような症状にどのタイプの心理治療がいちばん効果的か、はっきり言えるようになってきた。身体症状の治療において特に大きな前進と言えるのは、短期間の心理治療を利用するようになってきたことだ。患者の心理構造を全体的にくわしく分析するのではなく、一定の問題やその意義に的を絞って、短期間の治療を行う。フロイド派から行動主義まであらゆる流派の技法が用いられる。治療の回数はひとり1回ないし15回で、平均6回というところだろう。

短期間の心理治療が身体症状を示す患者の約85パーセントに効果があるという結果も出ている。この治療ではストレスに対するもっと多様な反応の仕方を教え、患者が心理的な問題を身体的な症状に置き換えずにすむようにする。それによって医療費の節約になるので、心理治療の費用は相殺《そうさい》されるだろう。患者が激しいストレスにさらされて（例えば、愛する人が亡くなったとき）、一時的に再び身体症状を示すようになる場合もあるかもしれない。だが、そのときは、通常1回か2回の治療で回復させることができる。

身体症状の治療によって、医者通いを繰り返してもなかなかよくならない多くの患者の苦しみや痛みを終わらせることができる。医者とセラピストが協力すればするほど、身体症状の発見が容易になり、治療もうまくいくようになる。

研究の結果から、病院を訪れる患者の多くが、実際には身体のどこかが悪いのではなく、心の問題で苦しんでおり、それを身体症状に置き換えているらしいことがわかっている。臨床医はこのような患者を身体症状の持ち主（somatizer）と呼んでいる。

主訴となる病気はしばしば、現代の医学でまだ解明されていないところがあり、容易に診断がつかない病気である。今日では、例えば各種の環境アレルギーや慢性疲労症候群などが含まれる。多くの場合、患者は自分の身体の本当に弱い部分と関連のある症状を訴えてくる。例えば、本物のアレルギーの病歴がある者が、ストレスにさらされると奇妙なアレルギー症状を示すという具合だ。

この種の患者は別に悪いところはないのだが、苦しんでいるのはまちがいない。なんとか治したくて、しばしば医者から医者へと巡り歩くが、見る目のある医者の手でセラピストのもとへ送り込まれるまでは、症状が治まることはめったにない。

心理治療によって、患者は自分の身体症状が心理的葛藤の表れであることを理解できるようになる。彼らはストレスにじかに立ち向かうことを学び、より健全なストレス対処法をいろいろ身につける。身体症状がもはや〝必要〟なくなれば、だんだん医者へも行かなくなる。短期間の心理治療を受けることで、医者通いの回数とそれにかかる医療費が大幅に減少することは、調査から明らかになっている。

人間にとって「自分は役に立っている」という感覚がたいへん健康に望ましいのはあたりまえのことである。逆に言えば自分は無用の人間であるということは健康を害する。『インディアンの教え』『コーカサスの教え』といった本は、家族や、コミュニティーの年寄りに対する態度が長寿に大きく影響していることは明らかであると書いている。

ところが今の日本では、老人が自分は社会に役に立っていると感じるのは難しい。

そしてネイティブ・アメリカンやコーカサスの年寄りが人々の生活に役立っていると言っても、時代や社会が今の日本とあまりにも違うと思うだろう。

だからコーカサスの人々やネイティブ・アメリカンの老人たちが役に立っていると感じていることは、あまり現代の日本人には参考にならないと思うかもしれない。

しかし、そんなことはない。やはり心の持ち方も大切である。

自分が自分を受け入れれば幸せは待っている。
自分を受け入れるということは、
どのような自分であれ、
その自分の価値を信じることである。
どのような自分であれ、
その自分に喜びを感じることである。

ネイティブ・アメリカンの健康的な暮らしの秘訣

　ネイティブ・アメリカンに消化不良がないことの要因を、大食しないこととする説があるが、私はそれだけではないと思う。もう一つの要因は、ネイティブ・アメリカンの生活の方が欧米人の生活に比べてストレスが少ないことなのではないだろうか。

　慢性的なストレスのもとにおいては胃の働きも、腸の働きも活発でなくなる。

　医学博士ウィリアム・E・ホワイトヘッドによると、アメリカには推定３００万人の過敏性腸症候群の患者がおり、その大部分がストレスのせいで症状が悪化するという。

　ノースカロライナ大学の消化器病学者ロバート・サンドラーとその同僚の調査によれば、過敏性腸症候群の患者の約85パーセントがストレスによって腹痛や腸の変調を引き起こすという[*4]。

　基礎的な実験によって、心理的なストレスや感情的な興奮が消化器系にさまざまな影響を及ぼすという事実は確認されている。これらは胃酸の分泌を増加させると同時に食道に潰瘍や炎症を引き起こすこともあれば、小腸や結腸の収縮に影響を及ぼすこともある。また、胃腸の各部分で食物の消化吸収にかかる時間に影響を及ぼすこともある。

このような調査を知らないでも、私たちは日常的にひどいストレスにさらされたときには、なんだか知らないが腹痛に悩まされるという体験をしている。

私なども、嫌な人に会わなければならないなどという日の朝は、なんだか知らないけれども胃がむかむかして吐き気がして、咳が出てくる。仕事の結果を待っているときなどはよく「お腹が痛くなる」と私たちは言う。

「どうにでもなれ」と思えるようになれば腹痛はないが、開き直れないうちは腹痛は避けられない。どんなに栄養のあるものを食べてもストレスにさらされていては消化が悪いだろう。

とにかくストレスにさらされると食欲はなくなるわ、気分は悪くなるわ、ひどいことになることは日常的に私たちが経験しているところである。そして今の日本では子どもにまでこのストレス性の潰瘍が増加しているという。どこか全体として生き方がおかしいのである。

ストレスだけが潰瘍の原因とは思われないが、その発生の一因ではあろう。航空管制官、警察官、トラック運転手などストレスの強い仕事に就いている者の潰瘍の罹患率は、確かに平均より高い。疾患コントロールセンター他の研究者等によって、13年間にわたって4000人以上を対象とした調査が新たに行われたが、ストレスを感じながら生活している者はそうでない者に比べて、潰瘍の発生率が2倍近くに上った。[*5]

ストレスについての問題点は2つあり、社会そのものがストレスに満ちているかどうかということと、もう一つはその人がストレスを感じやすい性格かどうかということである。同じ事柄に対して感じるストレスは人によって異なる。

つまりネイティブ・アメリカンのように、粗衣粗食をする生き方そのものがストレスの少ない生き方であると同時に、ストレスを感じることの少ない性格をつくるのではなかろうか。

粗衣粗食が直接身体にいいということはもちろんあるだろうが、もっとも基本的にそのような生活をする心の姿勢が身体にいいということである。そのような生活をする心の持ち方が身体を健康に維持するということである。

ネイティブ・アメリカンがストレスの少ない生活をしているということについて、もう一つ髪についての重要な示唆がある。

「ネイティブ・アメリカンの髪にはフケがない」

フケはストレスを表すとも言われる。いかにネイティブ・アメリカンにストレスがないかわかるであろう。

私は若い頃からフケが多い。おそらくストレスが強いのだろう。しかし最近少しよくなってきた。これもストレスのない生活を心がけ、ストレスを感じない性格になろうとしたことの努力の成果が現れてきたのかもしれない。

ついでにもう一つ書くと「ネイティブ・アメリカンは抜け毛が少ない」。例えばネイティブ・アメリカンの腰まで伸びている長くて美しい髪の毛。それらの秘密がシャンプーにあると著者は言う。著者は、白人女性はシャンプーの仕方をネイティブ・アメリカンに学ぶべきだと書いている。

ネイティブ・アメリカンも週に一度サウナ風呂のようなものに入るが、最後のところが違う。そこが完全な健康の秘訣なのだ。

宗教的行事として心を静めてサウナ風呂に入る。この「心を静めて入る」というところが肝心な点であり、健康の秘訣なのだ。

だいたいネイティブ・アメリカンのmedicine man（呪医）が力を失ったのは白人と接するようになってからだという。要するに白人とともにたくさんの病気がやってきたからである。それまでは「夢の中で医療に関する知識を得た」というようなことですんでいたのであろう。

古い時代にはネイティブ・アメリカンは、ほとんど病気にならなかった。だからいろいろな薬が必要なかった。医学が発達したことが幸福なことか不幸なことかはわからない。医学の発達を必要としなかったのが昔のネイティブ・アメリカンの生活かもしれない。

『インディアンの教え』ばかりではなく、他のいろいろな本によってもネイティブ・アメリカンは人間の不死を信じているという。したがって死を恐れない。

死を恐れる白人に比べて、どれくらいストレスが少ないかわからない。ネイティブ・アメリカンは、死んだら自分の魂は新しい生命を獲得すると信じているという。ちょうどこの世に生まれてきたように、新しいところに行くと信じている。

もしネイティブ・アメリカンがこのように信じているなら、それを信じていない人々に比べてはるかに死の恐れから解放されている。そして死が近づくと冷静に心乱さず死と直面する。

そして『インディアンの教え』の著者は、白人が教会へ行く表面だけの態度を批判している。ネイティブ・アメリカンの宗教に対する態度はもっともっと真剣であるという。

慢性的なストレスのもとでは免疫のシステムが抑えられる

慢性的なストレスのもとでは免疫のシステムが抑えられ、不活発になるということは医学の研究調査の結果である。また、コレステロール値も上がり、カルシウムも骨から取られていく。免疫力が落ちれば身体が病気になりやすくなるのは当たり前である。

精神医学の研究は心と身体の関係を明らかにしている。私はこの章を“Mind body Medicine”というアメリカの研究報告書を基に書いている。つまり約100年前に出版された『インディアンの教え』を1993年出版の研究報告書の点からも解釈している。

ネイティブ・アメリカンの生活そのものが、眼に見えないものを信じることで、慢性的なストレスに苦しまないようになっていたのではないか。

この研究報告書に「心と免疫」という章がある。２人の学者によって書かれている。２人は医学生を対象に調査を行った。１９８２年以来、毎年、一年を通して彼らが試験を受けるときの状態を調査したのだ。その結果、試験があるというだけの事実が広い範囲において免疫学的機能に悪影響を与えているということがわかった。

例えば試験が、腫瘍やヴィールスによる感染と戦う細胞であるナチュラルキラーT細胞の活動を低下させることがわかった。この細胞の成長や活動を刺激するインターフェロン・ガンマ（生物学的応答調節剤）という免疫システムの働きが、試験中は90パーセントも低下していた。また常に危険な細胞があるかどうか身体のパトロールをしているT細胞の働きも試験中は低下している。

また学生の腕にカテーテルを24時間挿入し、一年のうちでストレスの少ない時期と試験のときとの違いを調べてみた。すると試験のときには起きているときにも、寝ているときにもアドレナリンのレベルが上がっていた。そしてこの変化が免疫学的な変化をもたらすことになる。彼らが医学部に入れたことは、カレッジのときにいつも試験に成功してきたことを示している。そのようにいつも成功していることでさえ、ストレスとなり、免疫学的機能の低下をもたらすのである。

私たちも大事なときに風邪を引くというようなことがよくある。よく「馬鹿は風邪を引かない」というが、これは神経症的傾向のある人間の声である。負け犬の遠吠えである。「心理的に安定している人は風邪を引かない」と言い換えるべきであろう。

カーネギーメロン大学の心理学者シェルドン・コーエンは同僚と、感情的なことが健康に影響するという説得的な研究を行った。

被験者に風邪の5種類のヴィールスを接種した。予想したように、あるものは風邪を引き、あるものは風邪を引かなかった。5種類のヴィールスのうちどれかに感染した人の中で、風邪になる確率は過去1年の間に経験したストレスの量と正比例していた。

もちろん、ストレスだけが風邪の原因だと言うのではない。それは第一義的にはヴィールスの問題である。ここで述べているのは免疫性のことである。

実際の自分の実力以上の自分を周囲の人に見せようとか、人に優越しようとか、人の好意だけで自分を守ろうとする依存気質とか、そのようなことをやめるだけで風邪薬をはじめ、消化剤などさまざまな薬を飲まなくてもいい生活を送れるようになるのではなかろうか。つまりそれだけでストレスの少ない生活になる。

『コーカサスの教え』から学べる重要なこと

そしてこのストレスが少ないという点についてもまた『コーカサスの教え』と『インディアンの教え』は同じなのである。コーカサス地方の人々はストレスが少ない。コーカサスの人々の長寿はストレスのなさのおかげである。

ではもともとコーカサス地方に住めば、ストレスなく生きられるのかということである。そんなことはない。『コーカサスの教え』の著者もそんなことは書いていない。むしろ逆のことを書いている。コーカサス地方は岩や山の厳しい環境であるばかりでなく、いつも戦いがあったし、血縁の不和もあるし、集団内の競争もあるし、周期的な伝染病の流行もある。

ではなぜ、コーカサス地方の長寿はストレスがないからであると書いているのか。

次の文章こそ、私たちが真剣に学ばなければならない『コーカサスの教え』である。

それは「コーカサスの人々はストレスを避けないで、それを処理する」というものである。そして彼らはそれを可能にする、肉体的、心理的、象徴的なメカニズムを発達させてきたという。

では具体的にはどういうことか。子どもは言い訳が受け入れられないことを教えられる。子どもたちは解決法を探さなければならない。

何かが壊れたときには、それがポットであれ、人間関係であれ、それを直さなければならない。

言い訳をしたり、謝ったりするよりもそれを直す。なんと素晴らしいことだろう。神経症的傾向のある人は実際には何もしないでただ謝ってことをすまそうとする。何かあると先手を打って謝る。謝ることで相手の好意を失うまいとする。

神経症的傾向のある人には実際に相手の被害を少なくすることよりも、自分が憎まれないことが大切なのである。コーカサスではつまらない喧嘩をしたり、議論をしたりすることは不必要にいらだつだけで、エネルギーの浪費であると考えられている。

子どもは遊びや、山登りや、馬に乗ることで、危険を知り、必要なときには危険に直面することを学ぶ。危険から逃げないということである。あるいは危険の存在を否定しないということである。

そして小さな子どものときから節操と禁欲を学ぶ。子どもは厳しく育てられる。そしてそれによって貧困、戦争、自然災害などのときに、不必要な感情的、肉体的傷を持つことなしに、それらの困難に耐えることができる。

『コーカサスの教え』には書かれていないが、子どもが忍耐力を持つのに最も大きな影響力を持つのは親の愛情だと私は思っている。

厳しいだけでは子どもは育たない。『インディアンの教え』にも子どもは厳しく育てるということが書かれている。ネイティブ・アメリカンの子どもにしろ、コーカサスの子どもにしろ、厳しく育てられる裏に当然のように親の温かい愛情があることを忘れてはならない。温かい愛情がなく、ただ厳しく育てれば逆に神経症的傾向のある人になるだけである。

日本には、小さい頃から塾に通って神経症的になっている子どものなんと多いことか。小さい頃から厳しく育てることでコーカサスの子どもは尊敬、従順、忍耐を学ぶと『コーカサスの教え』にはあるが、その前提条件として親の愛情があることを見逃してはならない。

私はこの『コーカサスの教え』に書かれていることを私たち日本人が実行できるなら、若者は今よりももっと元気になり、高齢者も単に長生きをするのではなくもっと健康になるのではないかと思っている。

それは外側の「形」を学ぶということではない。「心」を学ぶことである。コーカサス地方では5世代もの人が同じ家族を形成している。

だから子どもは行動の手本がたくさんある。だからといって今の日本でこのような家族を形成することはできない。私が「学ぶ」と言っているのはその「心」である。現実から逃げない心の姿勢ということである。

「コーカサスの人々の長寿はストレスのなさのおかげである」という文章を読んだときには『インディアンの教え』を読んだときと同じように私は感動した。

先にも書いたが、「コーカサス地方はストレスがない社会だ」ということは、ストレスそのものがないということではない。

コーカサスの人々がストレスを扱える人々であるという意味である。『コーカサスの教え』の著者もコーカサスの人々の長寿はストレスの欠如の結果ではなく、ストレスを扱えることの結果であると書いている。

悩みの深さと長寿の関係

悩みと長寿との関係を書いている心理学の本もある。私の知る限りその関係を最も早く指摘したのは『双子の悪魔――恐れと悩みの実際的心理学』[*6]である。

この本は「悩みは人を殺す」ということを書いている。悲しみや憂鬱などの感情は身体の毒素を増大させるし、愉快な感情は逆の働きをする。

このような感情と肉体との関係は今では実際に病院の治療に応用されているが、この本は今から１００年くらい前にすでにこのことを指摘し、幸せな生活をすることで長く生き、不幸な人生を送ることで死を早めると述べている。

前世紀には、戦争が人を殺す以上に悩みは多くの人を殺したという。

単に悩むということだけで多くの人が死んでいくという。悩みはゆっくりとした自殺であると著者は述べている。文字どおり人を絞め殺すという。そしてこれは事実なのだと力説する。悩みは鉄砲と同じように確実に人を殺す。

そしてこの本にはアメリカのコネチカット州に住む１００歳の誕生日を迎えたおばあちゃんの話が載っている。彼女は毎日規則正しい生活をしている。毎日歩いている。夏の日も、冬の日も歩いている。歩くことは健康にいい。

しかし注目したいのは、次の言葉である。

「私は毎日歩いています、でも結局のところ、私が健康なのは悩まないおかげです」

すでに起きてしまったことも、これから起きるかもしれないことも悩まない。それが１００歳を過ぎたおばあちゃんの金言である。

もちろん人生であるから、おばあちゃんにもトラブルはあった。しかしおばあちゃんはそのトラブルを苦にしないことを早くから学んでいたのである。

長寿のためには熟読玩味するに値する文章である。人生にはトラブルは付き物である。トラブルを避けようとすればさらに大きなトラブルに陥る。人生でトラブルは避けられない。

しかし健康に長生きをしようとすればそのトラブルを苦にしないことである。悩んでいるだけでは何の解決にもならない。寿命を縮めるだけである。

社会学者のジェームス・ハウスとその同僚は、広い範囲の疫学的研究の資料を調査して次のように結論づけている。ストレスに満ちた社会生活は、タバコや高血圧、高いコレステロール値、肥満、病気の危険となる運動不足に匹敵する。

健康のために社会的な関係を持つことは、コレステロール値を低め、タバコをやめることと同じように大切である。

何かあるとすぐに「高齢者だから」と、高齢者という視点からしか自分の人生を見ないことで、失うものは多くある。

実際自分にはいろいろな面があるのに、一つの視点からしか自分の人生を見ない人は多い。残念ながらそういう人は免疫力が弱い。

日本語にはまだ翻訳されていないが、『免疫力のある人格――健康を維持する7つの性格』[*7]という本がある。

そこで紹介されている免疫力の強い性格とはどういうものだろうか。

ギリシア神話でヘラクレスに殺されたヒュードラという蛇は頭が9つあり、一つの頭を切るとその跡に2つの頭が生じたという。そのギリシア神話にならって、免疫力の強い性格とは「健康なヒュードラ」と名付けられている。

次のような実験を行った。

学生に自分の性格と自己を表すカードをもってもらう。自己の複雑さを客観的に評価するためである。

その後ストレスを受けるような体験をさせる、するとその反応と性格の複雑さとに相関関係があることがわかる。多数の自己を持つ人のほうが苦境にも動じない傾向がある。

複雑な自己を持つ人はバランスのとれた見方をして、トラウマを和らげる。

自分が自分を理解することが第一である。

人に優越したい、依存心から人の好意だけで自分を守ろう。そうした生き方をやめるだけでさまざまな薬を飲まなくてもいい生活を送れるようになるかもしれない。

「健康なヒュードラ」は多重人格者ではない。多重人格者はある自己が表れているとき、他の自己は無関係で、芯になる自己を失っている。

複雑な自己を持つ人は、芯になる自己は失わずさまざまな自己の面が関連を持ちながら動いている。

社会的にさまざまな役割を担っている人は長生きし、複雑な自己を持っている。

多面的な性格の人は、バランスと調和のとれた心理的な状態になれると同時に、肉体的にも健康になる。

「健康なヒュードラ」になろう

過労死する人などは、いくらでも違った生き方はあるのに、一つの生き方に固執する。

エリート・コース一直線などという人が些細な失敗でうつ病になる、自殺する。

人間の生き方などいくらでもあるのに、エリート官僚以外の道はないと思っている人などである。単なる思い込みから癌になり、うつ病になり、中には自殺する悲劇の人もいる。

自分の適性を一つだけと決めない。神経症的傾向のある人は、自分を決めたがる。

「私は対人恐怖症です」と言う神経症的傾向の強い人がいる。

ところが対人恐怖症について何も理解をしていない。

「健康なヒュードラ」でない人は、多くの中の一つの価値を唯一の価値であるかのごとく一人で勝手に思い込む。心の支えが企業での業績しかない。

そういう人が定年を迎えれば、すべてを失ったかのように錯覚をする。

自分にはいろいろな面があるのに、多くの中の一つの価値を唯一の価値であるかのごとく思い込んでいただけなのだと気がつけば、定年後の人生の道はひらけるのだ。

１００歳のおじいちゃんが、「俺は現役時代会社ではエリート・コースだった」と言っている。そしてズルズルと音を立てながら食べている。

エリートではないけど、綺麗な食べ方をしている男性がいる。身綺麗にするし、お茶碗を綺麗に洗う。あなたはどちらの人と付き合いたいか。

エリート・コースという「頭」はなくなっても、いつも清潔なものを身につけている高齢者と、生活をキチンとする高齢者という２つの「頭」がある。

苦しみから逃れて充実して生きるためには、「なーんだ、私は企業での業績が唯一の価値と思い込んで、その勘違いから劣等感が強いだけなのだ」と気がつけばよいのだが、そういう自己理解ができない人が多い。

心身ともに健康で、素敵な女性になりたければ、「私は不美人だけどもいいところもあるわ」と気がつけばよい。

心の能力とは、人の評価をあてにしないことである。

自分が自分を受け入れれば幸せは待っている。自分が自分を認めない人生に幸せはない。

自分を受け入れるということは、どのような自分であれ、その自分の価値を信じることである。

だから自分を受け入れるということは、どのような自分であれ、その自分に喜びを感じることである。

「今の自分でいいんだ」という無理のなさが幸せを呼ぶ。

成功は自分の力かもしれないが、幸せは「今の自分でいいんだ」という無理のない人間関係にある。そしてそうした幸せが続けば人は活力を得る。

自分を認める、相手を認める、それが幸せである。成功は日々の生き方の積み重ねによってもたらされるものである。

幸福は「いいよ、それで」という気持ちがもたらしてくれるものである。

カーソンという人が幸運を摑む知恵の一つとして「みつけだす」ということを言っている。今まで気がつかなかった自分の隠れた面に気がつくことが幸運を摑む方法である。

高齢になったら「健康なヒュードラ」になること。高齢になって、複雑な自己を持っている自分に気がつくこと。

定年になって、○○会社の部長という自分はなくなった。でもその後にヒュードラのように「山が好きな自分」という新しい自分が出てくる。

「権威主義的な親の支配と戦って、自分自身を持ちこたえた自分」という新しい自分が出てくる。

あなたは自分の見方を知らない。

小さい頃、叱られたとおりの自分だと、大人になった今でも、思っている。

周囲の人も親もたいていあなたを否定するときに「あなたはこうだ」と決めつけて言っている。そんなことをそのまま受け取ってはいけない。

もしそうした「気がつく」努力ができるなら、今までたった一つの基準だけで生きていたことに気がつくであろう。

＊1 Nicholas A. Cummings, Ph.D., Somatization: When Physical Symptoms Have No Medical Cause, Mind Body Medicine, edited by Daniel Goleman, Ph.D., and Joel Gurin, Consumer Reports Books, 1993, pp.221-223.
＊2 Ibid., pp.225-226.
＊3 Ibid., p.229.
＊4 William E. Whitehead, Ph.D., Gut Feeling: Stress and the GI Tract, Mind Body Medicine, edited by Daniel Goleman, Ph.D., and Joel Gurin, Consumer Reports Books, 1993, p.162.
＊5 Ibid., p.170.
＊6 Stanley Le Fevre Krebs, A. M., Twin Demons, James H. Shaw, Publisher Bloomington, Ill. 1903.
＊7 Henry Dreher, The Immune Power Personality: 7 Traits You Can Develop to Stay Healthy, Dutton Books, 1995.

あとがき

定年退職をして家にいた男性が、夜は眠れないと苦しんでいた。

そして妻が買い物に行っている間に孫が怪我をした。帰って来た妻が「孫の世話もできないで」と言った。そこで彼は首をつって自殺をした。

なぜ彼は自殺をしたのか。普通、人は「自尊心が傷つけられたから」と考えるだろう。

それはそのとおりである。

しかしこうした言葉で傷つくのは、この家族がもともと憎しみの関係の中で生きていたからである。

自分が傷ついているから、相手の言葉で傷つく。

相手の言葉で傷ついたわけではなく、もともと傷ついていた。それを自覚しただけ。

あるいはその言葉が心の傷を意識の上に表出させただけ。

考え方によれば何でもない言葉である。「そうか、そうか、すまん、すまん」と言えばすむものである。

形は家族であっても、心の中を考えれば、彼は他人の中にいた。人は憎しみがあるから些細な言葉に傷つく。

彼のことをお金を運んでくる便利なロボットとしてしか、家族は考えていなかったのであろう。

彼は彼で定年まで「俺は大黒柱だと威張っていた」からかもしれない。心理的に砂漠の中にいるから、こうした悲劇は起きる。

もちろん彼らだけが悪いわけではない。今が憎しみの時代なのである。憎しみが蔓延している時代だから勝ち組、負け組と人を分ける。

人間関係が敵対的になっているから勝ち組、負け組の考え方になる。

戦争をしていないのに、勝ち負けはない。

日本よりはるかに競争社会で成果主義のアメリカに「勝ち組、負け組」という言葉はない。もちろんウイナーとルーザーという言い方はあるが、「勝ち組、負け組」という言葉とはニュアンスが違う。

英語ではないのに、なぜ日本にこれだけこの言葉があふれているのか？

正確に言うと、今の日本は競争の時代ではなく、神経症的競争の時代である。

先に例に挙げた人について「自尊心が傷つけられたから」と書いたが、正確に言うと「神経症的自尊心が傷つけられたから」である。

当たり前のことであるが、元気でありさえすればこれ以上の幸せはない。納豆と豆腐があれば食べていかれる。

アメリカの心理学者シーベリーは「不安とは、否定的な結果にすべての注意を向けてしまうことです。不安をもつと、思考や感情の流れを建設的にコントロールすることができなくなります」と言っている。

何気ない毎日の出来事に幸せを感じるような生き方をしていれば、歳をとってもそれほど不安ではない。定年も不安ではない。

普通に考えれば老後の方がよい。なぜなら「しがらみ」がないから。

「この一時間、一時間がもったいない」と今を生きている人であるなら、老後の不安はない。

その日に食べられるお金があればいい。

だから「お金がない」と言える人の方が、心は豊か。お金に価値をおいていないから。

歳をとって、お金がないのに、ものに執着するから不安になる。

定年に不安な人は、夢がない。

その先の生きる道が見えていない。

老後の楽しみが会話。

老後の不安をなくすにはコミュニケーション能力を身につけることである。

生き方はいっぱいある。定年になってもサラリーマン時代と心が変わっていない。だから不安なのである。

まわりから「何をしているの？」と聞かれて、もう一度名刺に刷れる肩書きの職業が欲しいと思うような心だから不安なのである。

定年になっても、サラリーマン時代と心が変わっていない人が多い。だから不安なのである。

もともと若い頃から心の中に不安がある。

ハイハイをしていた赤ん坊が立つときにはエネルギーがいる。学生から社会人になるときに就職活動をする。それにはエネルギーがいる。階段を上らなければならない。変化のときにはエネルギーがいる。だから定年のときにもエネルギーがいる。どのようなことであれ変わるにはエネルギーがいる。

解決に動き出すのにはエネルギーがいる。

自分を見いだしていないとエネルギーがない。そのエネルギーはどうして出て来るのか？

それには遊牧民族の強さを見習うことである。遊牧民は今の住み処《か》をどんどん捨てていく。

私たちも自分が幸せになるためには捨てればいい。

お互いに絡んでいてお互いに淋しいだけならば、人も捨てる。

もし今が不幸せなら、今あるもの、つまり学歴、財産、恋人、家族等々の人間関係が自分をつぶしている。

手を放してみれば不安がなくなって、幸せはやってくる。

何でも欲しいと思うから悩む。捨てればいい。どうしても捨てられなければお寺に入る。

不安、不安とただ言っていてもしょうがない。捨てる以外にはない。

遊牧民族の強さは、自分の目的がわかっていること。

「どこに行こうか」わかっている。「あの草原に行こう」という夢がある。彼らは自分の命をどう保つかに関心がある。

私たちは世間がどう思うかの関心で生きている。だから不安なのである。

不安は自分の心がつくっている。

心を遊牧民にする。不安は今に執着しているから。

自分の生き方を考える。

「自分の人生を生きたいか？」、それとも「他人を意識して生きようとするのか？」。その違い。

見栄で生きるから不安になる。自分には納豆と豆腐が大切とわかれば、安心して生きていかれる。

本書は前著『「人生、こんなはずじゃなかった」の嘆き』と同じく福島広司、宮崎貴明両氏にお世話になった。改めてお礼申し上げます。

２０２４年５月　加藤諦三

著者略歴

加藤諦三《かとうたいぞう》

一九三八年、東京都生まれ。
東京大学教養学部教養学科を経て、同大学院社会学研究科修了。
元ハーヴァード大学ライシャワー研究所客員研究員。
早稲田大学名誉教授。
ニッポン放送「テレフォン人生相談」のパーソナリティを
半世紀以上にわたり務めている。
『「人生、こんなはずじゃなかった」の嘆き』（幻冬舎新書）のほか、著書多数。

幻冬舎新書 728

他人と比較しないだけで幸せになれる
定年後をどう生きるか

二〇二四年五月三十日 第一刷発行

著者 加藤諦三
発行人 見城 徹
編集人 小木田順子
編集者 宮崎貴明 福島広司
発行所 株式会社 幻冬舎
〒一五一―〇〇五一 東京都渋谷区千駄ヶ谷四―九―七
電話 〇三―五四一一―六二一一（編集）
〇三―五四一一―六二二二（営業）
公式HP https://www.gentosha.co.jp/

ブックデザイン 鈴木成一デザイン室
印刷・製本所 株式会社 光邦

Printed in Japan ISBN978-4-344-98730-2 C0295
か-33-2

＊この本に関するご意見・ご感想は、左記アンケートフォームからお寄せください。
https://www.gentosha.co.jp/e/